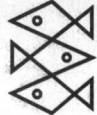

Der Schweizer Pädagoge und Kinderpsychotherapeut Hans Zulliger beschäftigt sich in seinem letzten Buch mit Angstformen, Angstwirkungen, mit der Vermeidung und Bekämpfung kindlicher Ängste. Zulliger behandelt sein Thema nicht nur abstrakt und theoretisch, sondern zieht vor allem Beispiele aus dem Alltag der Familie heran, ferner aus seiner jahrzehntelangen Tätigkeit als Lehrer, und verdeutlicht seine Absichten auch mit Episoden aus Märchen und Mythen. So ist das Buch, obwohl wissenschaftlich fundiert und theoretisch abgesichert, für jedermann, für Eltern und interessierte Laien, durchaus lesbar und verständlich. Während der Arbeit am Druck dieses Buches ist der große Freund und Kenner der Kinder gestorben. Sein letztes Werk kann Eltern und Pädagogen, Kinderpsychologen und Psychagogen helfen, die stummen Nöte und heimlichen Ängste der Kinder besser zu verstehen.

Hans Zulliger (1893–1965), Lehrer und Kinderpsychotherapeut, gehört mit Anna Freud, Melanie Klein, Margaret Mahler und D. W. Winnicott zu den Begründern der modernen Kinderpsychotherapie. Seine psychagogischen und therapeutischen Forschungen sind für jeden auf dem Gebiet der Kinderpsychotherapie Tätigen richtungsweisend. Seine zahlreichen Arbeiten zu den verschiedensten kindertherapeutischen Themen zeichnen sich durch Klarheit und Verständlichkeit aus.

Hans Zulliger

Die Angst unserer Kinder

Angstformen und -wirkungen,
Vermeidung und Bekämpfung
der kindlichen Ängste

Fischer
Taschenbuch
Verlag

Einmalige Sonderausgabe
Veröffentlicht im Fischer Taschenbuch Verlag GmbH,
Frankfurt am Main, Januar 1993

Lizenzausgabe mit freundlicher Genehmigung des
Ernst Klett Verlags, Stuttgart
© 1966 Ernst Klett Verlag, Stuttgart
Umschlaggestaltung: Balk / Heinichen / Walch
Druck und Bindung: Clausen & Bosse, Leck
Printed in Germany
ISBN 3-596-11550-7

Gedruckt auf chlor- und säurefreiem Papier

INHALT

Es gibt wohl kaum ein Kind, das nicht von gewissen Ängsten heimgesucht wird. Manche davon sind unbegründet und nicht zu verstehen. Es besteht kein sichtbares Motiv dafür — so etwa dann, wenn ein Kind auf einmal in den Nächten aufschreckt, wenn es sich vor harmlosen Tieren fürchtet, oder gar vor solchen, die es in unseren Gegenden nicht gibt, — wenn es zu stottern beginnt, das Einnässen wiederaufnimmt und so weiter.

Eltern und Erzieher sind in solchen Fällen besorgt, oft wissen sie sich nicht zu helfen. Das vorliegende Bändchen setzt sich zum Ziel, eine Anzahl Kinderängste aufzuhellen, ihre abgeblendeten Ursachen darzustellen und zu zeigen, wie man sie bekämpfen kann.

Außer Eltern und Erziehern dürften sich aber auch die Psychagogen, Heilerzieher, Sozialarbeiter, Pfarrer, Psychologen und Kinderpsychiater für dieses kleine Werk interessieren, auch die Lehrerinnen und Lehrer.

Teilweise habe ich zu den Abschnitten Aufsätze benutzt, die in Zeitschriften erschienen sind, so in der Zeitschrift für Psychoanalytische Pädagogik (Wien) und in der Psyche (Heidelberg und Stuttgart). Das Problem der Kinderängste hat mich immer wieder bewegt, und ab und zu ergaben sich daraus Mitteilungen und Arbeiten. — Ich bin nicht der Ansicht, das letzte Wort über Kinderängste sei nun gesprochen — aber mein Büchlein könnte dem und jenem Aufschlüsse und praktische Fingerzeige geben, die er bislang noch nicht kannte. Die vorliegende Arbeit möchte als Beitrag zum Verständnis der Kinderängste dienen.

Bei meinen Ausführungen benutze ich recht häufig anschauliche Beispiele aus meinen Erfahrungen, die auf viele Jahrzehnte zurückreichen. Sie sollen das Begriffliche illustrieren, bestimmt klarmachen, dem Leser zeigen, was gemeint ist. Es ist nicht meine Absicht, wissenschaftliche Funde zu verniedlichen, aber man kann sie auch so darstellen, daß jeder einigermaßen Gebildete sie erfassen und verstehen kann: unsere deutsche Sprache ist reich genug dazu. Allerdings, so scheint mir, laufen wir gegenwärtig oft Gefahr, im Abstrakten und rein Theoretischen steckenzubleiben. Dies wollte ich vermeiden, obwohl auch ich aus den „Geschichten" das Allgemeingültige schließlich herauszuheben suche und der Ansicht bin, das Praktische und das Theoretische hätten sich gegenseitig zu ergänzen und einander weiterzutreiben.

ERSTES KAPITEL

Theorien über die Herkunft der Angst und die seelischen Systeme

Das Geburtserlebnis als Musterbild der Angst. Die Angst in der Betrachtungsweise der Existenz-Philosophie und -Psychologie. Die beiden Freudschen Konzeptionen über die Angst. Angst als Signal einer drohenden Gefahr, Abwehr durch Fluchtreaktion oder Aggression. Schematische Darstellung der seelischen Instanzen des Menschen, Erläuterungen hierzu. Archetypische (C. G. Jung) Begründung der irrealen Angst und ethnologische Hinweise. Realangst und irreale Angst an Musterbeispielen dargestellt.

Wir alle haben einst vom Märchen über eine wunderbare Gegend gehört, das „Schlaraffen-Land". Alles, was man sich unter Wohlleben vorstellt, ist dort erfüllt. Man kann faul herumliegen und braucht nur den Mund aufzutun, und die gebratenen Täubchen fliegen einem herein. Es herrscht ununterbrochen schönes Wetter, nicht zu warm und nicht zu kalt, gerade so, wie man es sich wünscht. Die Bäume tragen reife Früchte, die ganze Zeit über kann man solche verzehren. Sträucher sind mit herrlichen Würsten, Speck und Koteletts behangen. Aus den Quellen und Brunnen strömen süße Flüssigkeiten, Schokoladenkaffee, und was das Herz begehrt. Man liegt in Daunenpfühlen und hat keinerlei Pflichten zu erfüllen, darf leben, wie es einem behagt. Die Hügel und Berge sind aus herrlichem Pudding, man kann sich eine Höhle hineinfressen, falls einem solches beliebt. Kurz und gut: man steckt in einer herrlichen Wunschwelt, sorgenlos, geborgen — so wie es einem in unserer realen Welt nur im Traume einfallen kann.

Ein Satz der alten Lateiner lautet: „Nichts besteht in unserer Vorstellung, das nicht einst in Wirklichkeit da war!" („Nihil est in intellectu, quod non antea in sensu fuerit!"), beziehungsweise „was wir nicht einst mit unseren Sinnen wahrnahmen!"

Wann denn befanden wir uns in einem „Schlaraffenland"? Woher stammt das innere Bild eines solchen Landes?

Die psychologische Wissenschaft und Märchenforschung hat herausgefunden, daß mit dem „Schlaraffenland" der Zustand im Mutterleibe gemeint ist. Dort war man in jeder Beziehung versorgt und geborgen. Man lag in der unserem Körper entsprechenden Wärme, im Fruchtwasser und in weichen Häuten, völlig geschützt und gehegt; der Blutstrom unserer Mutter versah uns mit Trank und Speise; wir konnten ruhen oder uns bewegen und bekamen all das geschenkt, wessen wir bedurften, ohne daß wir als Preis dafür uns irgendwie anstrengen mußten:

„Hans im Schneckenloch hat alles, was er will!" — so wie es in dem bekannten Kinderliedchen heißt.

Das „Schneckenloch" ist der Mutterleib, in dem wir einst vollkommen geborgen waren. *Wir* sind der Hans im Schneckenloch — wir waren es einst in unserem intrauterinen Dasein.

Aber, so fährt das Kinderliedlein weiter:

„Und was er hat, das will er nicht,
Und was er will, das hat er nicht!"

Was will er denn und was hat er nicht, unser Hans im Schneckenloch? Ans Tageslicht, das möchte er. Es ist die biologische Aufgabe des Fötus, daß er geboren werden möchte. Und es ist eine biologische Funktion, daß die Geburt eintritt. Sie ist nicht allein nur für die Menschenmutter, sondern auch für das Menschenkind mit allerhand Unannehmlichkeiten und Schmerzen verbunden. Das schützende Fruchtwasser fließt ab. Während der Geburtswehen wird der kleine Menschenkörper durch Druck in einen engen Gang gezwängt, phasenweise, immer drängender, schließlich erreicht er das Licht des Tages, oder das künstliche Licht in der Nacht, das die Augen des bereits sehenden Kindes blendet. Die höchst empfindliche gesamte Körperhaut spürt Kälte, auch wenn das Geburtszimmer geheizt worden und vor Zugluft bewahrt ist. Vielfache, ungewohnte, unbekannte Reize dringen auf den Neugeborenen ein, und er weint kläglich, ohne Tränen [1], oder er schreit gar aus Protest, im Zorn. Die Sauerstoffzufuhr wechselt, er atmet; sie wird nicht länger durch den Blutstrom der Mutter vollzogen. Hat der Säugling Durst und Hunger, muß er sich Flüssigkeit und Nahrung durch Saugen selber erwerben.

Er ist in eine gänzlich andere „Welt" versetzt und muß sich damit abfinden.

Wir möchten ihm eine Umgebung bieten, die seinem früheren intrauterinen Dasein möglichst nahe kommt. Das harte Licht wird abgeblendet. Wir legen den Neugeborenen in weiche, vorgewärmte Decken, nachdem wir ihn in Hautnähe der Mutter einschlummern ließen, halten ihn mit warmwassergefüllten Krügen warm, und wenn er aus seinem Schlafe erwacht, hebt ihn seine Mutter zu sich an ihren Leib, sie spricht zärtliche Laute zu ihm, sie streichelt, kost ihn, gibt ihm zu trinken, besänftigt ihn, sie „liebt" ihn. Nachgewiesenermaßen hat er in seinen ersten Lebenstagen den Eindruck, sich immer noch im Mutterleibe zu befinden.

Aber sehr rasch entwickeln sich seine Sinnestätigkeiten. Allmählich wird er inne, daß er von seiner Mutter getrennt ist, nicht länger, wie vorher, eines Leibes mit ihr ist. Die „Bindung" durch das Nabelband ist unterbrochen. Sie wird durch die gegenseitige „Bindung" der Mutter- und Kindesliebe ersetzt.

Trotzdem ist alles nicht mehr wie einst: „Und was er hat, das will er nicht, und was er will, das hat er nicht!" . . .

Damit ist bereits das Dualistische, Zwiespältige, *Ambivalente* des menschlichen Wesens angedeutet.

Dies in bezug auf das Kind: es wünscht sich, einesteils, in den intrauterinen Zustand zurück, andernteils ängstigt es sich vor ihm.

Es kommt dies in zahlreichen und verschiedenartigen Kinderspielen zum Ausdruck, insbesondere in den *„Häuschen"-Spielen.*

Eine ungefähr Fünfjährige, Regula mit Namen, Töchterchen einer Beamtenfamilie, die auf dem Lande in einem Eigenhäuschen

[1] Was er in seinem späteren Leben nur noch bei höchster Trauer tut!

wohnte, richtete sich dahinter auf dem Rasenplatze ein „Zelt" ein. Kameraden aus der Nachbarschaft halfen ihr dabei. Im Geviert wurden kleine Pfähle in die Erde geschlagen und allerhand alte Matten und Tüchter daran aufgehängt, das Dach bildeten weggeworfene Radmäntel aus Plastikstoff.

„Es darf nicht hineinregnen!" sagte Regula. „Ich will mich auch bei Wüstwetter in mein Häuschen zurückziehen können!"

Der Boden wurde mit Stoffsäcken belegt, der ganze Raum wohnlich ausstaffiert. Aus dem Schlafzimmer der Eltern entwendete Regula heimlicherweise den kleinen Kelim-Teppich, der vor Mutters Bett lag. Sie verbarg ihn zusammengerollt unter den Säcken, um ihn dann hervorzuziehen und ihn, aufgerollt, als Ruhelager zu benutzen. In einer Ecke des Zeltes bewahrte die Besitzerin eine Tüte mit Zuckerzeltchen auf, auch eine alte Thermosflasche mit gesüßtem Schwarztee und ein rötliches Plastikröhrchen, um daran zu saugen. Und jetzt begannen die Spiele: Regula hauste im Zelt, sie „schlief" mit ihren Puppenkindern darin, sie lutschte von dem Zuckerzeug, legte die Plastikflasche neben sich hin und sog Tee daraus. Ab und zu lud die Kleine Kameradinnen und Kameraden in ihr Zelt ein, und es wurde „Mütterlis" gespielt, gelegentlich gab es auch Entkleidungsspiele — man „ging zu Bett".

Die Mutter Regulas vermißte ihren kleinen, kostbaren Bodenteppich — aber die Kleine verriet nicht, daß sie ihn in ihr Zelt gebracht hatte, sie versteckte ihn nur sorgfältiger unter den Hüllen. Schließlich fand ihn die Mutter halt doch. Sie stellte Regula zur Rede.

„Ich will doch etwas von dir in meiner Nähe haben!" erklärte das Mädelchen. „Wenn ich mich auf dein Teppichlein lege, dann ist es so, als läge ich bei dir im Bett, und du gibst mir schön warm!"

(Wie Kinder es oft tun, nahm Regula einen Teil der Mutter, ein Besitzstück der Mutter für die Mutter selbst. Wir kennen das *Pars-pro-toto-Gesetz*, das in der Phantasie der Kinder stark wirksam ist. Der Teil wird für das Ganze genommen.)

12

Manchmal kam Regula aus dem Zelt hervor und beging eine kleine Teufelei, sie stahl den anderen Spielzeug, sie fing mit ihnen Streit an, sie raubte dies und das aus der Küche und elterlichen Wohnung und erklärte, daß sie eben „böse" sei, sobald sie sich außerhalb ihres Zeltes begebe.

Schließlich, nach unzähligen Zeltspielen, waren sie für Regula nicht weiter interessant — sie „verbrauchten" sich. Mit Wonne riß die Kleine ihr Häuschen wieder auseinander, warf die Einzelteile wie in Wut herum, streute sie dahin und dorthin, trat darauf, gab ihnen Fußtritte, als wären sie feindliche Personen.

„Ich hasse das Zelt!" verkündigte sie — und es war besser, daß sie ihre Wut nicht am gemeinten, eigentlichen Objekt, der Mutter, austobte. Eher war sie während dieser Phase der Mutter gegenüber zärtlich. Einmal kuschelte sie sich in ihren Schoß und verklärt äußerte sie sich: „Du bist mein Haus!"

Die Geschichte Regulas wurde darum aus vielen anderen ähnlichen ausgewählt, weil sie augenfällig zeigt, was das Häuschenbauen unserer Kinder sinnbildlich bedeutet: die Rückkehr an den Ort der vollständigen Geborgenheit, in den Mutterleib — aber auch die Ambivalenz diesem gegenüber.

Wohl in dunkler Erinnerung an einstige Häuschen-Spiele liebt auch der Erwachsene das Zelteln und das „einfache Leben" im Wohnwagen ...

„Im Manne ist ein Kind verborgen, das will spielen!" sagt Nietzsche im „Zarathustra". Er will dies um so mehr, als er sich nicht wie die Frau, die Kinder in ihrem Leib trägt, in seinen unbewußten Phantasien mit diesen identifizieren — wieder die Rolle des völlig geborgenen Embryos spielen kann. Er vermag dies nur in typischen Geburtsträumen: Er befindet sich in einer engen Höhle, kriecht durch sie hindurch ans Tageslicht, oft fühlt er sich dabei beengt, der Traum wird zum *Angsttraum*, aus dem er entweder erlöst das Freie gewinnt, oder der ihn aufweckt. „Ach, es ist ja nur ein dummer Traum gewesen!" sagt er sich dann, läßt die Angsterregung rasch abklingen, dreht sich auf die andere Seite und schlummert wiederum ein. — Im Traum hat er das Trauma der Geburt wiedererlebt und bearbeitet.

Während seiner Geburt erlebt der Säugling in extremem Grade all jene Sensationen, die sich später — nach dem Vorbild des Auf-die-Welt-Kommens — in Andeutungen zeigen, wenn der junge Mensch Angst erlebt. Das Herz schlägt in beschleunigtem Tempo. Angstschweiß bricht aus, manchmal erleidet er auch Atembeschwerden (Sauerstoffmangel). Manch einer läßt den Harn, gar den Stuhl fahren — so etwa der Soldat, der zum erstenmal ins feindliche Feuer kommt. Der Mensch ist „angstgelähmt", möglicherweise erfaßt ihn auch das, was wir als „Panik" bezeichnen. Der *Flucht-* oder der *Totstell-Reflex* macht sich bemerkbar. Die „kühle Überlegung", der Intellekt, setzt mit seinen Funktionen aus. Körpergefühle wie das der Beklemmung (wie beim Durchgang von der Gebärmutter zur Geburt) ergreifen ihn, er fühlt sich „gewürgt", beengt, gefesselt, in seiner körperlichen und geistigen Bewegungsfreiheit gehemmt, „starr vor Angst".

Das lateinische Wort „Anguista", von dem der Ausdruck „Angst" abstammt, wie viele Etymologen behaupten, bedeutet „Beklemmung".

Eine Zeitlang glaubten die Gelehrten, das Trauma der Geburt sei menschentypisch (Otto Rank)[2]. Anläßlich des Geborenwerdens *erlerne* der Mensch die Angst, und jede spätere Angstsituation entspreche symbolisch der Geburt.

Der Mensch sei darum besonders angstgefährdet, weil er nicht wie die anderen Säuger einen spitzen, sondern einen runden Kopf besitze, der bei der Geburt zusammengepreßt werde (offene Fontanellen), und weil er kopfvoran zur Welt komme, der Kopf infolge des räumlich größeren Gehirns unverhältnismäßig groß sei im Vergleich zu den Säugetieren; diese erblicken mit den Vorderbeinen voran das Licht der Welt, sie schaffen Platz für das Nach-

---

[2] O. Rank, Das Trauma der Geburt, Wien 1924.

rücken der übrigen Körperteile. — Die Geburt eines menschlichen Kindes sei darum besonders gewaltsam, schmerzlich und schrecklich — eben traumatisch, und sie bringe das Muster zu späteren Ängsten mit sich. Tierbeobachter weisen aber nach, daß auch Tiere Angst haben können, und nicht allein nur solche, die sie (als Haustiere) von den Menschen erlernt haben, und offenbar auch nicht nur Säugetiere.

Die *Existenzialisten* sprachen dann von einer Ur-Angst, die allen höheren Wesen eingeboren, immanent sei, und sie benannten sie *Existenzangst*.

„Angst ist der Preis, den der Mensch entrichten muß, um Mensch sein zu dürfen!" so hat ein moderner amerikanischer Existenzialist und Psychiater knapp formuliert.

Sigmund Freud nahm zuerst an, daß Angst dann entstehe, wenn eine Sexualerregung in ihrem Ablauf gestört, gehemmt, aufgehalten oder abgelenkt werde. Die Behandlung von sog. *Aktualneurosen* schien zur Auffassung zu berechtigen, daß sich libidinöse („Libido" = sexueller Trieb, Geschlechtstrieb) Triebregungen unter den aufgezählten Bedingungen oder Umständen in Angst verwandeln. Angst bedeute demnach ein Verdrängungsprodukt.

Als „Aktualneurosen" bezeichnet die Psychoanalyse eine Reihe neurotischer Erkrankungen, die durch direkten körperlichen Einfluß aufgehäufter Sexualstoffe entstehen. Die aktualneurotischen Symptome haben zum Unterschied von den psychoneurotischen keinen psychischen, unbewußten Sinn, sondern gleichen vielmehr den Sensationen in der Körpersphäre, wie man sie bei chronischen Vergiftungszuständen, etwa Alkoholismus, Morphinismus oder bei Autointoxikationen wie Basedow, findet.

Man unterscheidet drei Formen der *Aktualneurosen*:

1. die *Neurasthenie*, gekennzeichnet durch Kopfdruck, allgemeine Erregung, häufige Stuhlverstopfung (Obstipation);

2. die *Angstneurose*, gekennzeichnet durch frei flottierende Angst und Erwartungsangst;

3. die *Hypochondrie*, gekennzeichnet durch schmerzhafte und andere Sensationen an bestimmten Organen ohne anatomischen Befund.

Meist sind die einzelnen Formen untereinander und mit psychoneurotischen Symptomen kombiniert. Ursache der Aktualneurose ist regelmäßig eine sexuelle Schädlichkeit, wie etwa unterbrochener Geschlechtsakt (coitus interruptus), die frustrane Erregung (langedauernde und unabgeführte geschlechtliche Erregungszustände), allzuhäufige Selbstbefriedigung (Masturbation), gehäufte nächtliche Samenergüsse (Pollutionen), freiwillige oder erzwungene Abstinenz und ähnliches mehr. Stellt man die Schädlichkeit ab und regelt man das Sexualleben auf natürliche Weise, verschwinden die Aktualneurosen gewöhnlich von selber (Richard Sterba [3]).

Freud hat in seinen späteren Forschungsjahren seine erste Theorie (wonach Angst dann entstehe, wenn eine sexuelle Erregung in ihrem Ablauf gestört werde) korrigiert. Die Behandlung von *Phobien* (= Angst vor bestimmten, oft ganz harmlosen Tieren, Straßenangst, Brückenangst, Angst vor der Dunkelheit, Gewitterangst usw.) belehrte ihn, die *phobische Angst* sei eine „Ich"-*Angst;* sie entstehe im Ich — sie gehe nicht aus der Verdrängung hervor, rufe vielmehr die Verdrängungsmechanismen herbei.

Man nahm dann eine Zeitlang an, die Angst sei eine *seelischkörperliche (psychophysische) Erscheinung*, die erstmals bei der Geburt erlebt werde. Alle Angst sei eine Art Wiederholung der Umstände, die für das Geborenwerden charakteristisch sind.

„Die Zurückführung der Angst auf das Geburtsereignis", sagt Freud [4], „hat sich aber gegen naheliegende Einwände zu verteidigen. Die Angst ist eine wahrscheinlich allen Organismen, jedenfalls allen höheren zukommende Reaktion; die Geburt wird jedoch

---

[3] R. Sterba, Handwörterbuch der Psychoanalyse, 1. Liefrg., Wien 1936.
[4] S. Freud, Hemmung, Symtom und Angst, Ges. W., Bd. 14, London 1944.

nur von den Säugetieren erlebt, und es ist fraglich, ob sie bei allen diesen die Bedeutung eines Traumas hat. Es gibt also *Angst ohne das Geburtsvorbild*. Aber dieser Einwand setzt sich über die Schranken zwischen Biologie und Psychologie hinweg. Gerade weil die Angst eine biologisch unentbehrliche Funktion zu erfüllen hat, als Reaktion auf den Zustand der Gefahr, mag sie bei verschiedenen Lebewesen auf verschiedene Art eingerichtet worden sein. Wir wissen noch nicht, ob sie bei dem Menschen ferner stehenden Lebewesen denselben Inhalt hat wie beim Menschen. Das hindert also nicht, daß die Angst beim Menschen den Geburtsvorgang zum Vorbild nimmt."

Freud diskutiert das Verhältnis der Angst zum Trauma der Geburt weiter [5] und äußert sich: „Ich muß den Schluß ziehen, daß die frühesten Kindheitsphobien eine direkte Rückführung auf den Eindruck des Geburtsaktes nicht zulassen. Eine gewisse Angstbereitschaft des Säuglings ist unverkennbar. Sie ist nicht etwa nach der Geburt am stärksten, um dann langsam abzunehmen, sondern tritt erst später mit dem Fortschritt der seelischen Entwicklung hervor und hält über eine gewisse Periode der Kinderzeit an. Wenn sich solche Frühphobien über diese Zeit hinaus erstrecken, erwecken sie den Verdacht einer neurotischen Störung, wiewohl uns ihre Beziehung zu den späteren deutlichen Neurosen der Kindheit keineswegs ersichtlich ist.

Nur wenige Fälle der kindlichen Angstäußerung sind uns verständlich; an diese werden wir uns halten müssen, so, wenn das Kind

1. *allein*,

2. *in der Dunkelheit* ist, und

3. wenn es *eine fremde Person an Stelle der ihm vertrauten* (der Mutter) findet.

Diese drei Fälle reduzieren sich auf eine einzige Bedingung: das *Vermissen der geliebten (ersehnten) Person*. Von da an ist aber der

---

[5] S. Freud, ebd.

Weg zum Verständnis der Angst und der Vereinigung der Widersprüche, die sich an sie zu knüpfen scheinen, frei.

Das Erinnerungsbild der ersehnten Person wird gewiß intensiv, wahrscheinlich zunächst halluzinatorisch (= in Form von Sinnestäuschungen) besetzt. Aber das hat keinen Erfolg, und nun hat es den Anschein, als ob diese Sehnsucht in Angst umschlüge. Es macht geradezu den Eindruck, als wäre diese *Angst ein Ausdruck der Ratlosigkeit* — als wüßte das noch sehr unentwickelte Wesen mit dieser sehnsüchtigen Besetzung nichts anzufangen. Die Angst erscheint so als *Reaktion auf das Vermissen des Objekts,* und es drängen sich uns die Analogien auf, daß auch die Angst vor körperlichen Beschädigungen (Kastrationsangst) die Trennung von hochgeschätzten Objekten — am eigenen Körper — zum Inhalt hat, und daß die ursprüngliche Angst, die *Urangst* der Geburt, bei der *Trennung von der Mutter* entstand.

Die nächste Überlegung führt über diese Betonung des *Objektverlustes* hinaus. Wenn der Säugling nach der Wahrnehmung der Mutter verlangt, so doch nur darum, weil er bereits aus Erfahrung weiß, daß sie all seine Bedürfnisse ohne Verzug befriedigt. Die Situation, die er als „Gefahr" wertet, und gegen die er versichert sein will, ist also die der *Unbefriedigung*, des *Anwachsens einer Bedürfnisspannung*, gegen die er ohnmächtig ist.

Ich meine, von diesem Gesichtspunkt ordnet sich alles ein; die Situation der Unbefriedigung, in der Reizgrößen eine unlustvolle Höhe erreichen, ohne Bewältigung durch psychische Verwendung und Abfuhr zu finden, muß für den Säugling die Analogie mit dem Geburtserlebnis, die Wiederholung der Gefahrsituation sein; das beiden Gemeinsame ist die ökonomische Störung durch das Anwachsen der Erledigung heischenden Reizgrößen, dieses Moment ist also der eigentliche Kern der „Gefahr". In beiden Fällen tritt die Angstreaktion auf, die sich auch noch beim Säugling als zweckmäßig erweist, indem die Richtung der Abfuhr auf Atem- und Stimm-Muskulatur nun die Mutter herbeiruft, wie sie früher die Lungentätigkeit zur Wegschaffung der inneren Reize anregte (bei der Geburt). Mehr als diese Kennzeichnung der Gefahr braucht das Kind von seiner Geburt nicht bewahrt zu haben.

Mit der Erfahrung, daß ein äußeres, durch Wahrnehmung erfaßbares Objekt der gefährlichen Situation ein Ende machen kann, verschiebt sich nun der Inhalt der Gefahr von der ökonomischen Situation auf seine Bedingung, den Objektverlust. *Das Vermissen der Mutter wird nun die Gefahr,* bei deren Eintritt der Säugling das Angstsignal gibt, noch ehe die gefürchtete ökonomische Situation eingetreten ist. Diese Wandlung bedeutet einen ersten großen Fortschritt in der Fürsorge für die Selbsterhaltung, sie schließt zugleich den Übergang von der automatisch ungewollten Neuentstehung der Angst zu ihrer beabsichtigten Reproduktion als *Signal der Gefahr* ein.

In beiden Hinsichten, sowohl als automatisches Phänomen wie auch als rettendes Signal, zeigt sich die Angst als Produkt der psychischen Hilflosigkeit des Säuglings, welche das selbstverständliche Gegenstück seiner biologischen Hilflosigkeit ist. Das auffällige Zusammentreffen, daß sowohl die Geburtsangst wie die Säuglingsangst die Bedingung der Trennung von der Mutter anerkennt, bedarf keiner psychologischen Deutung; es erklärt sich biologisch einfach genug aus der Tatsache, daß die Mutter, die zuerst alle Bedürfnisse des Fötus durch die Einrichtung ihres Leibes beschwichtigt hatte, dieselbe Funktion, zum Teil mit anderen Mitteln, auch nach der Geburt fortsetzt. Intrauterin-Leben und erste Kindheit sind weit mehr ein Kontinuum, als uns die zufällige Zäsur des Geburtsaktes glauben läßt. Das psychische Mutterobjekt ersetzt dem Kinde die biologische Fötalsituation. Wir dürfen darum nicht vergessen, daß im Intrauterin-Leben die Mutter kein Objekt war, und daß es damals keine Objekte gab."

Die letzte Konzeption über die Angst oder Angst-Theorie Freuds lautet also, kurz zusammengefaßt:

Angst ist das Signal der drohenden Gefahr des Anwachsens einer Bedürfnisspannung, gegen die der Mensch ohnmächtig ist; sie wird vom Ich her empfunden. Sie ist ein Gemütszustand (Affekt-zustand) und als solcher gekennzeichnet durch bestimmte Emp-findungen der Lust-Unlustreihe mit entsprechenden körperlichen und seelischen Reaktionen. Diese sollen der Angstabwehr und der Abwehr der drohenden Gefahr dienen.

Kommt die Gefahr von außen her, sprechen wir von *Real-Angst*. Der Mensch nimmt die gefährliche Situation mit seinen Sinnen wahr und sucht ihr mit zweckentsprechenden Innervationen zu begegnen: durch *Flucht*, oder durch *Aggression*.

Ganz ähnlich verhalten sich die Tiere, sobald sich ihnen eine Ge-fahr nähert. Der Hase flüchtet, ebenso die Rehe und Hirsche, die Bisons usw. Diese, auch andere Tiere, die in Verbänden zusammen-leben, schließen sich bei drohender Gefahr eng zusammen, nehmen die Jungtiere in ihre Mitte und senken angriffsbereit ihre Hörner. Die in unseren Gegenden vorkommenden Giftschlangen, so die Kreuzottern und Vipern, verkriechen sich sofort in Erd- und Ge-steinshöhlen, sobald sich ihnen eine Gefahr nähert. Hat diese, z. B. ein daherkommender Mensch, jenen *Fluchtkreis* (Portmann) über-schritten, der Gewähr dafür bietet, es sei noch Zeit genug für die Flucht, dann ringeln sie sich zusammen in Angriffsstellung, er-heben drohend die Köpfe und sind bereit, den Feind anzuspringen und zu beißen.

In den Seitentälern des Kantons Wallis (Rhonetal) sieht man oft kleinere Kinder auf dem Weide- oder Ackergebiet, die Glöcklein tragen — ihren Klang hört man von weitem. Einmal entdeckte ich solche Kinder im Eringertal in der Nähe des Dorfes Evolène. Eine Schar Knirpse und kleiner Mädchen trottete weit weg vom Dorf über besonnte Weiden und bimmelte einem Walde zu. Ich dachte, das Glöckleinumhängen sei eine kluge Erfindung der Mütter, um zu wissen, wo ihre Kleinen steckten, und um sie recht-zeitig daran hindern zu können, sich dem tiefeingeschnittenen Wildbach, der Borgne, zu nähern. Mit einer Bäuerin, die auf einem kleinen Acker arbeitete, kam ich ins Gespräch. Sie teilte mir mit, man hänge den Kleinkindern Glöcklein um, damit sich die sonnenden Vipern verkriechen, wenn die Kleinen in ihre Nähe gelangen, und damit diese unverletzt an ihnen vorüberkämen. — Die Obsorge der Mütter, man könnte auch sagen die *Realangst der Mütter um ihren Nachwuchs,* hatte sie zu der einfachen Maßnahme geführt.

Gegen die Realgefahren hat der Mensch — aus Realangst — allerhand zivilisatorische und technische Schutzmaßnahmen erfunden. Weitgehend hat er es dazu gebracht, sich die „Natur" dienstbar zu machen, sie zu beherrschen. Von der Wohnhöhle, die ihn vor der Unbill der Witterung schützte, kam er zur modernen Wohnung, vom Fellschurz zum Kleid. Sein Geist erfand Mittel, um das Feuer zu zähmen und auszuwerten (alle Tiere fürchten es in panischer Angst!). Tausendfach schaffte er Werkzeug, das ihm das Leben auf der „feindlichen Welt" erleichtert, ebenso Maschinen. Die chemisch-pharmazeutische Industrie versieht ihn mit Arzneimitteln, um drohenden Krankheiten vorzubeugen oder sie zu heilen.

Wir verdanken der Realangst unzählige Erfindungen und Entdeckungen. Darum darf man sagen, daß die Angst nicht ausschließlich negative Wirkungen mit sich brachte und bringt — sie kann auch „nützlich" sein, indem sie uns zu Abwehrmaßnahmen anregt, die durchaus sinnvoll und zweckmäßig sind, uns schützen vor Gefahr.

Gegen unsere Ängste, insbesondere solche realer Art, können wir aber auch, ähnlich wie manche Tiere, mit der *Aggression* ankämpfen.

Eine Sechsjährige, Anna mit Namen, hat Angst vor den Gänsen bei einem Nachbarn. Geht sie am Hofe vorüber — sie muß es, um kleine Botengänge zu besorgen oder Spielkameraden zu treffen —, rennen die großen Vögel laut schnatternd, mit gestreckten Hälsen, auf Anna zu. Darum nimmt sie einen Stock mit, um die Gänse verscheuchen zu können, ja, sie vertreibt diese in die Schlupfwinkel der Gutshäuser. Schließlich hat Anna überhaupt keine Angst mehr vor den Gänsen, im Gegenteil, es erfüllt sie mit großer Lust, die Vögel in die Flucht zu treiben. Zuletzt erreicht Anna, daß die Vögel abziehen, sobald sie das Mädchen von weitem sehen. Die Situation hatte sich umgekehrt. Waren es einst die Gänse, die die Kleine bedrohten, dann war es jetzt Anna, vor der sich die Vögel fürchteten. Erlebte Anna einst Realangst, erfüllte es sie jetzt mit Lust, sich so mächtig zu fühlen, um den Vögeln Angst zu machen.

Aggression treffen wir als Angstabwehr auch im Kollektiv. Da ist ein Volk, das sich vor einem Nachbarstaate ängstigt, weil dieser dabei ist, ein mächtiges Heer auf die Beine zu stellen und mit den neuzeitlichsten Waffen zu versehen. Das erstgenannte Volk sieht sich bedroht. Um dem eventuellen Angreifer, dem Nachbarstaat, zuvorzukommen, überzieht es ihn mit einem „Präventiv-Krieg".

Neben der Realangst gibt es zahlreiche *irreale Ängste*.

Bevor wir eingehender über sie zu sprechen kommen, sei ein weiteres Stück *tiefenpsychologischer Theorie* erörtert. Wir stellen uns das Seelische des Menschen in Schichtungen vor. Die ursprünglichste davon ist das Unbewußte, das „Es", wie Freud es in Anlehnung an Groddeck [6] nannte. Das „Es" enthält alle unsere Kräfte, sowohl die „guten", wie auch die „bösen" (wenn wir sie moralisch bewerten); es ist ein *allgemeines Kraft-Reservoir* und wirkt dynamisch. In ihm sind unsere Triebe beheimatet, ferner all das, was wir von unseren Vätern und Urvätern vererbt mitbekommen haben. Wenn wir uns unser Es räumlich vorstellen, ist es die unterste, ursprünglichste Schicht unseres Seelischen, und es grenzt ans Physiologische, ist mit dem Körperlichen verbunden.

---

[6] G. Groddeck, Das Buch vom Es, Wien 1923.

Ihm gleichsam nachträglich aufgesetzt ist das „Ich", das ganze System des *Bewußten* und der *Wahrnehmung*. Den Übergang vom Es zum Ich bildet das „Vorbewußte". Das Vorbewußte hat zwei Funktionen zum Inhalt. Erstens versinken in ihm unsere Erinnerungen in der Richtung des Es, und zweitens bearbeitet das Vorbewußte Inhalte des Es, die ins Bewußte einsteigen wollen in einer Art, daß sie für das Bewußte annehmbar werden, ertragen, „akzeptiert" werden können.

Ganz scharf abgetrennt, zensuriert vom Ich ist das *Verdrängte:* alle jene Regungen des Es, die wir verpönen und die unserem Bewußten peinlich sind, so etwa *kriminelle Impulse*. Denn im Bewußten wirkt auch das, was wir *Gewissen* nennen. Unser Moralisches ist jedoch teilweise unbewußt und ein Stück unseres *Über-Ichs*. „Der Mensch", hat Freud einmal ausgesagt, „ist wohl viel unmoralischer, als er gern wahrhaben möchte, zugleich ist er viel moralischer, als er weiß."

Das „Gewissen" ist ein Anteil der überall in der Natur wirkenden *normativen Funktion*[7].

Das Ich registriert und verarbeitet all das, über was ihn seine Sinne orientieren. Es steht also einesteils in Verbindung mit der Außenwelt, andernteils nimmt es all die Fakten wahr, die vom Es und vom eigenen Körper („Körpergefühle") her kommen.

Wenn wir die psychischen Systeme Wahrnehmung-Bewußtsein — Ich-Es graphisch darstellen, besteht die Gefahr, daß wir das Seelische allzu statisch auffassen, seine Schichten auch allzusehr voneinander getrennt. Wir müssen uns vor Augen halten, daß die unten folgende Zeichnung nur ein sehr unzulängliches Hilfsmittel bedeutet, und daß der Mensch immer ein „Ganzes" ist; die psychischen Systeme gehen fließend ineinander.

---

[7] H. Zulliger, Umgang mit dem kindlichen Gewissen, Stuttgart 3. A. 1962.

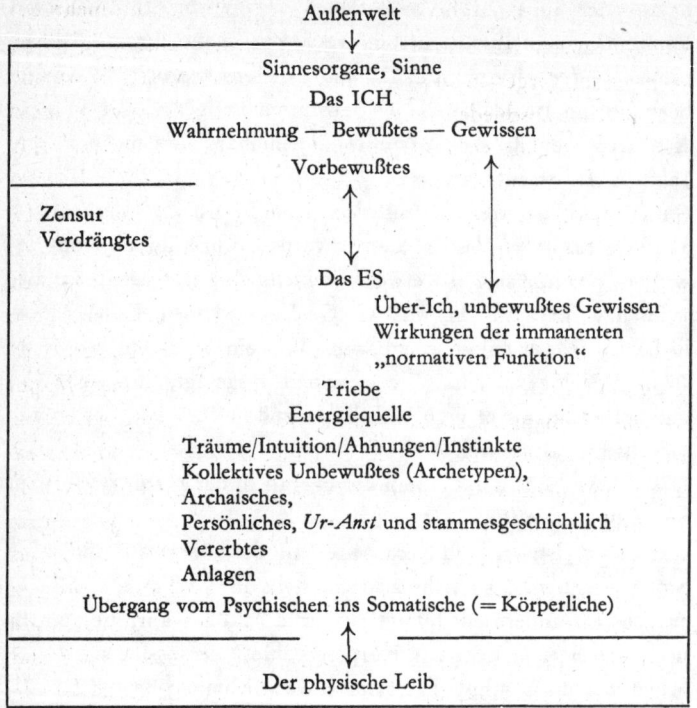

Außenwelt
↓

Sinnesorgane, Sinne
Das ICH
Wahrnehmung — Bewußtes — Gewissen
Vorbewußtes

Zensur
Verdrängtes

Das ES
Über-Ich, unbewußtes Gewissen
Wirkungen der immanenten
„normativen Funktion"

Triebe
Energiequelle
Träume/Intuition/Ahnungen/Instinkte
Kollektives Unbewußtes (Archetypen),
Archaisches,
Persönliches, *Ur-Anst* und stammesgeschichtlich
Vererbtes
Anlagen
Übergang vom Psychischen ins Somatische (= Körperliche)

Der physische Leib

Im *Ich* spielt sich all das ab, was wir von der Außenwelt her via Sinnestätigkeiten wissen und worauf wir reagieren, ferner das, was aus der „Tiefenseele" (Triebe, Dränge, Intuition usw.) ins Bewußtsein gelangt und Abfuhr fordert.

Im *Vorbewußten* sind unsere Erinnerungen enthalten. Wir können sie wieder ins Bewußtsein rufen, falls wir dies wollen. Sind aber Erinnerungen aus irgendwelchen Gründen bereits allzutief in der Richtung des Es abgesunken, „vergessen", wird es für uns schon schwerer, sie wiederum in unser Bewußtsein zu heben. Mitunter gelingt uns dies überhaupt nicht mehr.

Ich habe, um ein Beispiel anzuführen, auf der Straße einen Herrn getroffen. Er begrüßte mich freundschaftlich, schüttelte mir die Hand — und peinlicherweise besann ich mich nicht mehr auf seinen Namen. Ich war wie auf Kohlen, tat nichts dergleichen, suchte mein Vergessen zu verheimlichen, sprach ein paar Worte mit ihm und verabschiedete mich wieder. — Mein Vergessen ärgert mich; nachträglich suche ich seinen Namen wiederzufinden. „Ach, der Name rollt mir im Kopf herum!" sage ich mir. „Wie heißt er doch? Hausmann? Nein, das ist er nicht! — Irgend etwas mit H! Hauser? Nein! Hausherr? Nein! Am Ende doch nicht mit H. — vielleicht Mannheimer? auch nicht! Sontheim? Reimann? — Ach, ich hab's: Heimann heißt er!" Zufrieden gehe ich weiter und frage mich: „Wie konntest du nur Heimann vergessen?" Ich grüble der Ursache nach. Es fällt mir ein, daß ich mit einem Manne namens Heimann, der jedoch nichts mit dem Getroffenen zu tun hat, ihm nicht verwandt, gar wohl unbekannt ist, einmal eine unangenehme Szene erlebt habe : ich merkte, daß er mich übervorteilen wollte — daß er mich für dumm genug hielt, um dies tun zu können. Es gelang ihm nicht. Wir trennten uns höflich. Aber ich dachte: „Mit dem will ich nie mehr was zu tun haben, er ist ein Heimtückischer, ja, ein Schweinehund! Tot und abgetan, vale erasme!" Und dann vergaß ich die unliebsame Szene. Vergaß auch seinen Namen, den Klang davon. — Als dann, viel später, wieder ein Herr Heimann vor mir stand, lag nahe, daß die Erinnerung an die „unliebsame Szene" mit dem „Schweinehund Heimann" in mir wiederauftauchen wollte. — Es entstand in mir eine unbewußte Personenverwechslung. Mein Ich sträubte sich dagegen, die unangenehmen Gefühle wiederzuerinnern, die mich einst bei der Zusammenkunft mit dem ominösen Herrn Heimann bewegt hatten. Andernteils war mir das Vergessen des Namens des angenehmen Herrn Heimann unangenehm. Der Name „Heimann" war schon recht tief in der Richtung des Unbewußten hinuntergesunken. Mit Hilfe von *Ersatznamen* stieß ich zuletzt wieder auf den richtigen: „Heimann". Sie waren gleichsam Brücken zum richtigen Namen, enthielten Teile, Andeutungen davon. Aus ihnen formulierte sich zuletzt das Wort, das ich suchte. Außerdem wurde mir bewußt, *warum* ich es vergessen hatte. Das Vergessen hatte einen Gefühls-, einen affektiven Grund. — Damit will nicht behauptet sein, daß es noch andere Arten von Vergessen gibt. Unser Gedächtnis schützt sich mit dem Vergessen vor Überlastung, es möchte aufnahmefähig bleiben, und darum löscht es tausend Beobachtungen, Erlebnisse usw. aus unserer Erinnerung wieder aus.

Mit dem Erwähnen meines Vergessens des Namens „Heimann" sollte nur eine Funktion des Systems „Vorbewußtes" dargestellt werden.

Ihm eignen noch weitere, und es sei nur noch eine, allerdings eine sehr bedeutsame, besprochen: das Vorbewußte bearbeitet grobe, rohe, möglicherweise gar kriminelle Impulse, die vom Es her kommen, so daß diese vom Bewußtsein akzeptiert, „bewußtseinsfähig" werden können. —

Ein Mann hat mich dermaßen aufgeregt, geärgert, gepeinigt, daß ich ihn am liebsten totschlagen würde. Das darf ich aber nicht, es würde dem Gesetz widersprechen, widerspricht aber auch meiner moralischen Instanz. Statt dem Mordimpuls stattzugeben, formuliert sich in mir der sehr abgeschwächte Wunsch, ihm ins Gesicht zu brüllen, er sei ein „gemeiner Kerl", den ich windelweich prügeln möchte. In meiner Phantasie, blitzartig, male ich mir aus, wie er sich unter meinen Fäusten winden würde, und ich empfinde dabei eine seltsame Genugtuung. Aber er ist mein Vorgesetzter. Mein „Untertanenverhältnis", meine Erziehung, mein Ehrgefühl, meine Sorge um meine berufliche Existenz usw. verbieten mir, ihm mitzuteilen, was ich von ihm denke und was ich am liebsten mit ihm tun würde. Ich bleibe „höflich", und schließlich einigen wir uns mit einem Kompromiß, es fällt kein böses Wort. Das Vorbewußte setzt die Tat in einen Begriff um („gemeiner Kerl, den ich windelweich prügeln, ja töten sollte"). Es verharmlost den in mir waltenden kriminellen Impuls — *ein Wort ersetzt die Tat.* Das Wort hat für mein Inneres, für mein Es die Bedeutung einer Tat angenommen.

Es genügt gar, daß ich es nur denke, ich brauche es nicht einmal verbal zu formulieren, auszurufen — und so bleibe ich davon bewahrt, geschützt, etwas zu äußern, was mir Schaden zufügen könnte, und trotzdem ist ein aus dem Es stammender Drang abgesättigt.

Scharf, von einer „Zensur" abgetrennt, quasi als einsame Insel in unserem Es, liegen die Inhalte des „Verdrängten". Es handelt sich um Sachverhalte, die dem Bewußtsein in höchstem Grade peinlich sein müßten, verpönte Regungen sexuellen und kriminellen Inhaltes.

Man darf sich jedoch das Unbewußte, das *Es* nicht, wie dies oft geschieht, als Sammelstelle alles Bösen, Schlimmen — als, um einen bildhaften Ausdruck zu verwenden, „Jauchegrube" im Menschen vorstellen. Neben den rohen, primitiven, unzivilisierten Trieben ist in ihm das unbewußte Gewissen, das *Über-Ich*, wirksam. Es ist der persönliche Anteil am *Normativen,* jener Instanz, die allem das richtige Maß zu geben imstande ist — unserem Zusammenhang mit dem Absoluten, das sich in unseren Religionsformen äußert und eine heilende Tendenz hat. Das Normative in uns will alles in ein richtiges Gleichgewicht bringen. Diese immanente Kraft zeigt sich sichtbarlich auch im Körperlichen: Wunden heilen zu, unser Blut fabriziert Kräfte, Säfte, die uns vor Krankheiten schützen, so gegen Ansteckungskrankheiten. Andernteils bewahrt uns das Normgesetz vor Überanstrengungen: wir werden schlaff, müde, werden uns bewußt, daß wir eine Erholungspause nötig haben, unsere Kräfte wieder sammeln müssen durch Ruhe. — Das Normgesetz ist überall in der Welt, auch in der „toten", wirksam als höherer Wille; ihm folgen die Gestirne durch die vorgeschriebene Bahn, die Kristalle nehmen ihre ganz bestimmten Formen an usw. Wir sind, selbst wenn wir es leugnen möchten, vom *Göttlichen* regiert, wie alles im Weltenraum und auf unserer Welt. — Im Es ruhen auch unsere Ahnungen, plötzlichen wertvollen Einfälle, die Intuition — man denke etwa an die Entdeckungsgeschichte des Benzolrings von Kékule, an die künstlerischen und dichterischen Konzeptionen, an die Anlagen und Talente, an das Vererbte.

Es sei noch kurz erklärt, was *Archetypen* sind. Die Bezeichnung stammt von C. G. Jung. Er versteht darunter Regungen, Spurungen, „Trende", die wir von den Urahnen, aus unserer Stammesgeschichte mitbekommen haben und die unbewußt in uns wirken. So ist eigentlich all unsere *Angst* im Grunde *Todesangst*.

Es ist wissenschaftlich erwiesen, daß wir vor Zehn- und Hunderttausenden von Jahren in Familien, in Sippen beieinander wohnten, hausten, so einst als „Höhlenbewohner". Auch die Ethnologie bestätigt dies: es bestehen noch heute sogenannte primitiv, „wild" lebende Völkerschaften auf unserem Planeten, die in Sippen aufgeteilt leben, so etwa gewisse Negerstämme, die Australneger, manche Ozeanier, Indianerstämme im Amazonasgebiet, die Urbevölkerung auf Kamtschatka usw. Sie sind einem Häuptling, König, Führer unterstellt, der unumschränkte Macht besitzt. Er kann auch über Leben und Tod seiner Untertanen bestimmen. Wer die Tabu-Gesetze mißachtet, verfällt dem Tode oder der Verbannung, was in den unwirtlichen Gegenden dem Tode gleichkommt, um so mehr, als keine nachbarliche Sippe und kein „Stamm" den Verfehmten zu sich aufnimmt.

Die Missionare und Ethnologen, die in den fernen Gegenden unter den „Naturvölkern" wirken, berichten uns einhellig, daß die „Primitiven" ihr Leben unter tausend Befürchtungen zubringen und mannigfache Vorkehrungen treffen müssen, um diesen Ängsten zu entgehen. Überall lauern bösgesinnte Dämonen. Sie überziehen die Menschen mit Krankheit und Untergang, Mißernten, Jagdunglück und Gefahr. Alle Naturerscheinungen, die in ihren realen Zusammenhängen nicht verstanden werden, führt man auf das Wirken feindseliger Geister zurück, welche die Menschen mit ihrem Haß heimsuchen. Die realen oder auch nur vermeintlichen Gefahren müssen durch Einhaltung der Tabu-Gesetze, durch Vermeidungen, Zeremonielle, magisch und schützend wirkende Bemalungen und Tätowierungen und mit Opfern gebannt werden. Man benutzt zauberische Gegenmaßnahmen, die der Medizinmann verordnet, trägt Amulette, schleppt Maskottchens mit sich, mobilisiert gegen die schwächeren mächtigere Dämonen oder sucht sie durch allerlei Tarnmanöver hinters Licht zu führen.

Als besonders gefährlich betrachtet man die herumstreichenden Geister der Verstorbenen, vor allem jener Ahnen, die zu ihren Lebzeiten eine führende Rolle gespielt hatten; man nimmt an, daß sie die Lebendigen auch zu sich ins Reich des Todes ziehen wollen. Um sie zu besänftigen, gibt man ihnen ihre gesamte Habe ins Grab, vor allem Waffen, Werkzeug und wertvolle Schmuckstücke. (Den alten Pharaonen in Ägypten gab man sogar ihre Frauen und Ratsmitglieder mit — später nur noch deren Nachbildungen in Gold — der gestorbene König konnte sie im Reich der Schatten wieder lebendig machen — noch später nur einen Papyrus mit dem Inventar des ihm einst Gehörenden.) Damit die Ahnen nicht aus ihrem Grabe wiederkehren konnten, schnitt man ihnen die Fußfesseln durch und beschwerte ihre letzte Ruhestätte mit Steinen. Die Fußspuren der Leute, die die Leiche begruben, wurden sorgfältig mit Palmwedeln ausgetilgt, damit der Geist des Abgeschiedenen den Rückweg nicht finden konnte, die Häuser im Dorfe wurden abgerissen, zerstört, verbrannt, und man siedelte sich andernorts. an. Bei etlichen Negerstämmen in Südafrika beschmieren sich die Verwandten des Verstorbenen mit Farben bis zur Unkenntlichkeit; die Witwen ziehen sich einen Sack über den Kopf und lassen sich an einen Pfahl in der Viehweide anknüpfen, ahmen das Muhen nach und tun so, als ob sie Rinder wären — so soll der eventuell wiederkehrende Geist des Hingeschiedenen getäuscht werden. Südamerikanische Indianer fesseln den Toten mit Stricken und verkeilen ihn in einer Spalte des „Leichenbaumes" [8], kontrollieren von Zeit zu Zeit, ob er sich noch am alten Platze

---

[8] Auch im deutschschweizerischen Sprachbereich kennt man den Ausdruck „Leichenbaum"; gemeint ist damit der Sarg.

befinde. Wieder andere Stämme, so in Ozeanien, auch die Bergbevölkerung auf Formosa, schneiden die Köpfe der Toten ab („Kopfabschneider") und präparieren sie zu Mumien, nehmen sie als Heiligtümer ins Haus und bringen ihnen allerlei Speiseopfer dar, um sie friedlich, gütig zu stimmen [9].

Es war für die psychologische Wissenschaft nicht schwer, zu erkennen, daß die „Primitiven" unter *Wiedervergeltungsangst* leiden. Die Angehörigen der „Naturvölker" hatten und haben gegen einen einst Mächtigen neben den Gefühlen der Hochschätzung, Verehrung, Liebe auch solche der Opposition und des Hasses empfunden. Ihm schreiben sie zu, daß er sich als Totengeist hierfür rächen wolle. Oder sie hatten den Mächtigen selber beseitigt. Der oberste Priester, der Dorfschmied, der Medizinmann, der Schwager (Bruder der Frau) oder gar der älteste Sohn mußten es tun [10], so ordneten es die Tradition und das Brauchtum an, und es vollzog sich rituell und nach dem Willen des Kollektivs. Darum fühlten sich auch alle für seinen gewaltsamen Tod verantwortlich, für schuldbeladen und strafwürdig und erwarteten, daß der Verstorbene Ungemach, Siechtum und Tod über sie bringe.

Auch die weiße Rasse stand vor Jahrzehntausenden auf der Kulturstufe der „Primitiven", unterlag ähnlichen Gesetzen wie sie, lebte unter gleichen Befürchtungen und Ängsten. Aus dieser Frühzeit sind gefühlsmäßige Überreste vererbungsmäßig und unbewußt bis heute in uns steckengeblieben; C. G. Jung würde, wie angedeutet, von „Arche*typen*" sprechen. Es sind dies Inhalte des kollektiven Unbewußten, sind unbewußte Muster, Vorerwartungen und wirken sich als vorgespurte Tendenzen in unserer emotionalen Welt, auf unseren Willen und unsere Haltung aus. Man kann sie besonders in unseren Angstträumen, Verfolgungsträumen,

---

[9] H. Zulliger, Zur Psychologie der Trauer- und Bestattungsgebräuche, Wien 1924.
[10] M. Zeller, die Knabenweihen, Bern 1923; L. Frobenius, Und Afrika sprach ..., Berlin-Charlottenburg 1912.

Träumen von Mördern, Einbrechern usw. deutlich feststellen, sie gehen auf Ur-Zustände und auf jene Zeit zurück, da auch wir noch „Wilde" waren.

Das menschliche Kind steht ganz besonders unter ihrem Eindruck; fast jedes wird gelegentlich von entsprechenden Schreck- und Angstträumen heimgesucht und aus dem Schlafe geweckt. Was sich dabei äußert, ist, im Gegensatz zur Realangst, *irreale Angst*, was bedeutet, es ist zur Angst kein wirklicher Grund vorhanden.

Es wird wohl am Platze sein, reale und irreale Angst an zwei Beispielen aus dem Alltag darzustellen.

a) Realangst

Ein dreizehnjähriger Knabe mit Namen Benedikt, unter Kameraden „Binz" gerufen, sollte an einem Samstagnachmittag auf Anordnung seiner Mutter Brennholz zerkleinern. Dies gefiel und paßte ihm nicht. Er widersprach der Mutter nicht, aber er trat hinters Haus, versah sich mit einer Fischrute und Ködern und machte sich heimlich davon, um an die Aare hinunterzugehen.

Unterwegs traf ich ihn, er war einer meiner Schüler. Wir kamen in ein kurzes Gespräch, und er verriet mir, daß er der Mutter nicht gehorcht hatte.

„Wäre ich du", sagte ich zu ihm, „kehrte ich zurück und würde erst ein paar Körbe voll Holz spalten. Kannst nachher immer noch fischen gehen. — Du betrübst doch deine Mutter, wenn du so heimlich davonläufst und ihren Befehlen nicht nachkommst, und du riskierst eine Strafe!"

Binz schüttelte lächelnd den Blondkopf. „Bis am Abend werde ich Barsche fangen für ein ganzes Mahl!" versicherte er. „Ich riech's der Luft an, daß sie heut beißen. Bring' ich dann die Beute heim, werden Mutter und Vater so erfreut sein, daß es keine böse Szene gibt, der Vater ist ja selber auch ein eifriger Fischer!"

Ich insistierte nicht weiter, dachte, ein Dreizehnjähriger mag selber ausfressen, was er sich einbrockt.

In der Woche darauf schrieb mir Binz den folgenden, freiwillig verfaßten Aufsatz:

Wenn man den Gelüsten folgt

„Letzten Samstagnachmittag ging ich fischen, statt Holz zu spalten — das wißt Ihr ja schon. Ich hatte Glück. Fing 21 Barsche, und einzelne davon waren schön große Stücke. Ein wenig dotterte es mir schon, als ich auf der Heimkehr war (das heißt: ich ängstigte mich ein wenig). Der Vater sah mich, als ich bei unserem Hause ankam. Er trat vor die Haustüre. Ich sah es seinem Gesichte von weitem an, es werde ein Hagelwetter kommen. Hinter ihm erschien die Mutter. ‚Da ist er, der Lausbub!‘ knurrte sie, und ich merkte, sie hatte mich verklagt. Aber ich tat nichts dergleichen, daß ich Angst hatte, und wies meine Beute vor. ‚Da ist Fleisch für das Sonntagessen!‘ prahlte ich. ‚Schaut, was für schöne Fische!‘ ‚So, so!‘ erwiderte der Vater. ‚Aber der Mutter gehorcht hast du trotzdem nicht, und dafür gibt's Strafe!‘ Er zog den Geldbeutel hervor und entnahm ihm ein Zweifrankenstück. ‚Da!‘ sprach er, ‚nimm's! Das ist der Lohn für die Fische. Aber zur Strafe, daß du davongelaufen bist, bleibst du morgen am Nachmittag hübsch daheim, wenn wir anderen spazierengehen. Kannst dann nachdenken. Wir bummeln durch die Wälder, nehmen im ‚Rüttihubelbad‘ einen Imbiß ein und fahren von Worb aus mit dem Bähnchen zurück!‘

Ich dachte: was braucht er mir den Speck durch den Mund zu ziehen, wenn ich doch nicht an dem Ausflug teilnehmen kann. Und der Lohn für die 21 Barsche ist auch schäbig genug, eigentlich sollte ich ihm den Zweifränkler ins Gesicht werfen. Hätte ich die Fische dem ‚Talheimwirt‘ verkauft, würde ich den vierfachen Betrag bekommen haben, oder gar noch mehr! Die Strafe ist viel zu hart! Ich war wütend. Doch hoffte ich, wenn er die Nacht durch geschlafen hätte, würde er seine Ansicht ändern und mich auch auf den Spaziergang mitnehmen. Aber am Morgen sah ich nur harte Gesichter. Und meine Geschwister schauten so hochmütig drein, als ob sie immer brave Schäflein wären und nie ein Wässerlein trübten. Das machte mich noch wütender. Ich sann nach, was ich ihnen antun könnte. Ich könnte den vier Schwestern die Puppen aufschlitzen und auch den beiden Brüdern etwas kaputtmachen. Das tat ich aber dann nicht, denn das Ausdenken, was ich ihnen antun könnte, dämpfte meinen Zorn. Nachdem sie gegangen waren, zog ich den ‚Winnetou' aus dem Büchergestell, legte mich faul hin und las. Ich dachte, das ist auch schön, und ich bekomme dabei keine müden Beine. Aber als es vier Uhr war, mochte ich nicht weiterlesen. Ich stellte mir vor, wie sie jetzt im ‚Rüttihubelbad' ankommen und einen guten Imbiß verzehren. Plötzlich hatte ich Hunger. Ich trat in die Küche und untersuchte den Schrank nach etwas Gutem. In einem Teller lag ein ziemlich großes Speckstück. Ich nahm es und schnitt mir eine schöne Scheibe Brot dazu ab. Beim Essen wurde mir wieder ganz behaglich, ich dachte: nicht nur ihr (die Eltern und Geschwister) habt ein gutes Z'vieri (Vieruhr-Imbiß), auch ich, hä, wenn ihr das wüßtet!

Nachher aber erfaßte mich wieder Angst, denn ich wußte, daß die Mutter das Speckstück für den Vater weggelegt hatte. Wenn sie heimkommen und merken, was geschehen ist, gibt es neue Strafe. Hätt' ich doch nur den Speck in Ruhe gelassen, aber der ruhte sanft in meinem Magen.

Noch am gleichen Abend merkten sie, was geschehen war. Der Vater nahm mich übers Knie und gab mir (Schläge), wie ich noch nie bekommen hatte. Ich hatte Angst, er schlage mich noch tot, so zornig war er.

Hätte ich doch nur Ihrem Rat gefolgt, als Sie mich auf dem Fischgang am Samstag antrafen! Aber hinterdrein kann man leicht reden. Die Sache ändert sich nicht mehr. Jedoch weiß ich jetzt, was ich in Zukunft zu tun habe, wenn mir die Mutter etwas befiehlt!"

Realangst ist *wohlbegründete Angst.* Eine wirklich bevorstehende Gefahr signalisiert sie dem Ich, und gewöhnlich werden hierauf Vorkehrungen getroffen, um die Gefahr abzuwenden. Wir sehen sie bei Binz, als er sich denkt, er könnte der wohlverdienten Strafe wegen Ungehorsam entgehen, falls er eine Portion Fische heimbrächte. Er erhält dann trotzdem eine Strafe, und er findet sie unangemessen, übertrieben. Dies reizt ihn zu einer neuen strafwürdigen Tat. „Ich hatte Angst, er (der Vater) schlage mich noch tot", schreibt der Knabe. Man kann sehen, daß Angst eigentlich Todesangst ist; also auch die Realangst ist Todesangst, Existenzangst. Der Dreizehnjährige konnte doch *wissen,* der Vater schlage ihn nicht tot. Aber beim Erleiden von Strafe, beim Erleben von Strafangst wird nicht das „Wissen" (das Bewußte), sondern werden eben die Gefühlswelt und archetypisch begründete Bahnungen, Erwartungen angesprochen, genau gleich wie beim Aufkommen irrealer Angstzustände.

b) Irreale Angst

Olga, eine Neunjährige, hat Angst vor kleinen, teilweise völlig harmlosen Tieren, vor Asseln, Tausendfüßlern, Ameisen, Mücken, Spinnen, Mäuschen und Schlangen (obwohl es in der Gegend, wo Olga lebt, keine solchen mehr gibt, und sie diese Tiere nur von Bildern her kennt), vor Würmern, Blindschleichen und dergleichen. Die Mutter kann sie weder in den Keller, noch auf den Dachboden schicken, um etwas herauf- oder herunterzuholen, sonst wird Olga starr vor Angst, erleidet einen Schweißausbruch, heult, klappert mit den Zähnen. Weder gütiger Zuspruch, noch Strafen nützen etwas.

Zur Rede gestellt, warum das Töchterchen solche Angst habe, erklärt es: „Ich weiß es selber nicht. Doch, ich fürchte, die Tierchen könnten an mir empor und in mich hineinschlüpfen!"

Man hat seine Mühe, wenn Olga auf einen Spaziergang in den

Wald mitgenommen wird. Man muß ein Klappstühlchen für die Kleine mitnehmen, sie ist nicht imstande, sich aufs Moos oder ins Gras zu setzen.

Die Ängste Olgas sind den Eltern unverständlich, keines von ihnen und niemand aus der Verwandtschaft hat ähnlich Angst oder hatte sie, als sie noch Kinder waren. Die Angst kann demnach nicht „vererbt" sein. Man hat Olga auch nie entsprechend geängstigt. Merkwürdig mutet an, daß Olga nie vor größeren Tieren, die ihr wirklich etwas antun könnten, Angst zeigte und zeigt. Katzen kratzten sie mit ihren Krallen; einmal, als sie fünfjährig war, biß sie ein Hund; trotzdem liebt sie Katzen heiß, ergreift jede und streichelt sie; sie nähert sich jedem Hund, um ihn zu liebkosen. Geht man an einer Wiese vorüber, und nähern sich die Kälber und Rinder neugierig, fürchtet sich Olga vor ihnen nicht, ebensowenig vor Füllen und Pferden.

„Wenn ein kleines Tier in mich hineinschlüpfte", phantasiert Olga, „würde es innen an mir fressen, mich aushöhlen, und dann müßte ich sterben!" Das Bild hierzu stammt wohl von einer Beobachtung, die Olga machte, als sie vierjährig war; sie wollte eine Birne ergreifen, die im Garten vom Spalierbaum ins Blumenbeet darunter gefallen war, reif, appetitlich und unverletzt schien. Die Frucht hatte aber erdwärts ein kleines Loch, Ameisen flüchteten daraus, und das Innere war ausgefressen, fast nur noch die leere Schale war übriggeblieben.

Die Eltern hatten alles Erdenkliche benutzt, ihrem Töchterchen die erwähnten Tier-Ängste auszureden, umsonst; schließlich fanden sie sich mit ihnen ab, hofften, Olga werde sie bei zunehmendem Alter „verwachsen". Aber sie blieben bestehen, alle noch so klar vorgetragenen Argumente fruchteten nichts.

Was Olga belästigt, ist *irreale Angst*. Das Mädchen ist einer *Tier-Phobie* erlegen. Und wiederum handelt es sich um angsthafte Befürchtungen, *getötet* zu werden (das „kleine Tier würde innen an mir fressen, mich aushöhlen, und dann müßte ich sterben").

Die irreale Angst stammt aus dem Es, und mit den landläufigen

Erziehungsmitteln kommt man ihr nicht bei, weil sie im Unbewußten entsteht und begründet ist. Sie signalisiert eine *vermeintliche* Todesgefahr. Auch gegen sie werden Vermeidungsmaßnahmen ergriffen. So hütet sich Olga, Räume zu betreten, worin Insekten sich aufhalten könnten, und auf Spaziergängen muß ein Klappstühlchen mitgenommen werden für den Fall, daß man sich im Freien hinsetzt.

Um irreale Ängste zum Verschwinden zu bringen, muß versucht werden, den hintergründigen Motiven beizukommen. Es kann dies nur eine speziell darauf geschulte Fachkraft tun: Erziehungshelfer und -helferinnen, Psychagogen, praktische Psychologen, Psychiater.

ZWEITES KAPITEL

„Angst macht dumm!"

Der Ausspruch „Angst macht dumm!" stammt von Heinrich
Meng, dem ehemaligen Basler Ordinarius für Psychische Hygiene
(seelischen Gesundheitsschutz).

Wie kommt es denn, daß Angst dumm macht? Sehen wir uns ein
Beispiel an!

Die Geschichte ist vor zirka vierzig Jahren passiert, darum darf
man heute sie wohl erzählen, ohne sich gegen jemand „indiskret"
zu verhalten.

In der Nähe einer europäischen Hauptstadt, in einem kleinen
Dorf, wirkte ein Lehrer mit Namen Hager, einer jener Pioniere,
der versuchte, tiefenpsychologische Einsichten für den Schul-
unterricht und die schulische Erziehung fruchtbar zu machen.

Es zog eine Familie mit Namen Berger ins Dorf, die vorher in der
Stadt gewohnt hatte und zwei Mädchen besaß. Das erste besuchte
die Sekundarschule (untere Mittelschule, Realschule, deren oberstes,
das neunte Schuljahr, eine Vorbereitungsklasse führte für alle die-
jenigen Schüler, die nach Absolvierung der obligatorischen Schulzeit in die Lehrerbildungsanstalten oder ins Gymnasium eintreten
wollten: es wurden spezieller und erweiterter Mathematikunterricht
und Latein gegeben). Die erwähnte ältere Tochter war zum Eintritt in die Vorbereitungsklasse von den Lehrkräften vorgesehen,
weil sie an der Spitze ihrer Altersklasse stand und einmal Lehrerin
zu werden begehrte. Nicht allein ihre Lehrer, auch die Berufs-
beratung rieten hierzu. — Die jüngere Tochter, Pauline, stand im
siebten Schuljahr und galt als intellektuell Minderwertige, wurde
Herrn Hager als eine Schülerin signalisiert (und hatte entsprechende Zeugnisse), die für die Versetzung in eine „Hilfsklasse"

in Frage stand. Sie hatte bereits ein Schuljahr, das vierte, repetieren müssen.

Der Vater Berger war ein geschickter Maschinenbauer, Vorarbeiter in einer Fabrik, die Druckeinrichtungen herstellte. Die Mutter war einst, als sie noch unverheiratet war, Verkaufsleiterin in einem Konsumgeschäft gewesen. Die Fabrikleitung der Druckmaschinenfabrik hatte im Dorfe Land erworben und darauf eine Reihe von Zweifamilienhäuschen aufstellen lassen mit Vierzimmerwohnungen und modernem Komfort. Darin siedelte sie zu einem günstigen Mietpreis eine Anzahl ihrer Arbeiter an. Bergers hatten eine Parterrewohnung beziehen können, und dazu gehörte ein netter Blumen-, Beeren- und Pflanzgarten. Es waren auch Spielplätze für die Kinder eingerichtet. Das Milieu war einheitlich, die Bewohner der „Kolonie" fühlten sich schon deswegen einander nahe, weil die Väter, teilweise ebenso die berufstätigen Mütter, alle in der gleichen Fabrik arbeiteten. Sie fühlten sich wohl, und die Leute gehörten zur gehobeneren Arbeiterschaft, galten als brave und angesehene Bürger.

Frau Berger brachte ihre Pauline zu Herrn Lehrer Hager. „Es ist unser Sorgenkind!" sprach sie mit bekümmerter Miene. „In der Schule kommt sie nur schlecht vorwärts, wir wissen nicht warum. Niemand in ihrer näheren Verwandtschaft ist dumm, man könnte also nicht von Vererbung sprechen. Wir leben sehr solid, mein Mann ist kein Wirtshaushocker, er hat Freude am Gärtnern, und wir sind Naturliebhaber; jeden schönen Sonntag unternehmen wir eine Fußtour durch die Wälder und über die nahen Hügel. Es wird bei uns auch viel mit den beiden Töchtern gespielt, gesungen und vorgelesen. Es fehlt den Kindern nicht an Zuwendung. Es bestehen demnach auch keine familiären Gründe für die Dummheit Paulinens. Wir haben sie unseres Wissens auch recht erzogen. Aber die Lernschwierigkeiten zeigten sich bereits in ihrem ersten Schuljahr. Pauline hatte Angst vor der etwas strengen Lehrerin. Man kann dieser jedoch keinen Vorwurf machen, sie war sehr gerecht, Pauline hatte großen Respekt vor ihr und schätzte sie. Nach dem dritten Schuljahr kam sie zu einem jüngeren Lehrer, den das Mädchen auch sehr achtete. Aber er hielt viel auf Sport und Turnen, und Pauline ist körperlich eher etwas linkisch, rief darum seine Ungeduld hervor, manchmal auch seinen Spott, er nannte sie nur „unser Dickerchen". Sie neigt ja wirklich zur Dickleibigkeit, und wir haben sie deswegen zu Ärzten geschickt — wir vermuteten Drüsenstörungen. Es wurde verschiedenes probiert, man behandelte sie mit Medikamenten und mit Diät, ohne sichtbaren Erfolg, und schließlich fanden wir uns mit den Tatsachen ab. Pauline ist ein braves, liebes Kind, Sie werden sehen! Erzieherische Schwierigkeiten wird sie Ihnen nicht machen. Ihrem Aussehen nach schlägt sie eher dem Vater als mir nach, auch er ist gedrungen, ich bin stärker in die Höhe geschossen als er. Aber er ist muskulös — früher war er Kranzturner — und er ist körperlich gewandt, es geht ihm alles leicht von der Hand. Das kann man von Pauline nicht sagen! Bei den Hausarbeiten zwar ist sie geschickt, sie strickt und näht auch recht gut — im Handarbeitsfach brachte sie immer die beste Zeugnisnote heim, Sie werden es wohl gesehen haben!"

Herrn Hager war es einesteils recht, solche Auskünfte zu erhalten, andernteils war es ihm ein wenig peinlich, daß sie vor den Ohren Paulinens abgegeben wurden, und daß die versammelte Schülerschar zuhören konnte.

Er benutzte die erstbeste Gelegenheit, um das Gespräch abzuschließen. „Ich danke Ihnen für Ihre wertvollen Auskünfte!" sprach er zu der Mutter und wandte sich dann an das Töchterchen. „Schau, wir haben noch zwei Plätze frei, wohin willst du dich setzen? Der eine ist da mitten im Schulzimmer, und du hättest eine Tischnachbarin, die Barbara Küenzi. Sie ist auch ein Arbeiterkind, ihr Vater schafft in einer Weberei. Hinten in unserer Schulstube ist außerdem ein Tischchen noch ganz frei.

Pauline warf schüchtern einen Blick auf ihre neuen Kameradinnen und Kameraden. „Darf ich mich hinsetzen?" fragte
radinnen und Kameraden. „Darf ich mich hinten hinsetzen?" fragte

Der Lehrer nickte, und dann begleitete er die Mutter Berger vor die Türe und verabschiedete sich von ihr.

Pauline ist scheu, dachte er. Sonst hätte sie sich nicht zuhinterst, vielmehr zu der Barbara und in die Mitte der Stube gesetzt. Auf des Mädchens Scheu wollte er Rücksicht nehmen.

„Siehst du, die anderen machen gerade schriftliche Rechnungen. Willst du dein Rechenbüchlein und Heft hervornehmen. Wir stehen Seite achtundzwanzig bei der „Addition von gemeinen Brüchen", du kannst mit dem Kapitel auch anfangen. Verstehst du dich auf solche Rechnungen?"

„Wir sind in meiner ehemaligen Klasse auch gerade bei den gemeinen Brüchen gewesen", erwiderte Pauline, während ihr Herr Hager Tinte ins leere Fäßchen einschenkte.

„Gut, versuche es also. Und falls du etwas nicht verstehst, dann komm ruhig zu mir hervor, damit ich es dir erkläre!"

Pauline machte sich hinter die Aufgaben. Ab und zu warf sie einen fragenden, leicht mißtrauischen Blick auf Herrn Hager: „Was für einer bist du?" schien er zu bedeuten. Sah der Lehrer zu ihr hin, senkte sie sofort ihre Augen und arbeitete mit Anstrengung weiter. Der Lehrer vermied, sie anzusehen.

In der Folge stellte Herr Hager fest, daß Pauline Berger wirklich nur mangelhaft begabt schien. Er ließ ihr Zeit, um „warm" zu werden. Allmählich freundete sie sich mit ihren Kameradinnen und Kameraden an.

Eines Tages kam beim Schulschluß am Mittag die Barbara zu ihm. Ob Pauline sich nicht neben sie setzen könnte, fragte sie.

„Wünscht sie das denn?" erkundigte er sich.

„Ja, sie hat es mir gesagt!"

„Was braucht sie dafür eine Fürsprecherin?" fragte sich der Lehrer.

„Warum kommt sie mit ihrem Anliegen nicht direkt zu mir? Habe ich mich so benommen, daß sie sich vor mir fürchtet?"

Bei Beginn des Nachmittagsunterrichtes sprach er: „Pauline Berger wünscht, sich ans Tischchen von Barbara zu setzen, so hat diese mir mitgeteilt. Dagegen ist wohl kaum etwas einzuwenden. —

Also — helft Päuli, umzuziehen!" Barbara und ein Knabe halfen Pauline, ihr Tischchen räumen und ihre Bücher und Helfer hinüberzubringen an ihr neues Plätzchen.

Eines Tages entdeckte Herr Hager, daß Päuli mit der linken Hand zeichnete. Als sie merkte, der Lehrer habe sie beobachtet, errötete sie und nahm den Bleistift blitzschnell in die Rechte, senkte den Blick und zeichnete eifrig weiter.

Herr Hager ließ die Klasse eine Zeitlang weiterarbeiten. Man hatte die Tischchen zu viert zusammengerückt und je eine Holzkiste in die Mitte gestellt, auf der eine Vase stand. Die Schüler zeichneten sie ab.

Dann ging der Lehrer durch die Klasse, setzte sich da und dort an ein Tischchen und half zeichnen. Wie zufällig trat er auch zu Päuli.

„Ei!" sprach er, „deine Vasenzeichnung ist dir ja ganz hübsch zustandegekommen!" Er erfaßte ihr Zeichnungsblatt und wies es der Klasse vor. „Schaut mal her!" — Dann wandte er sich an Pauline, die wiederum errötet war. „Sag mal, hättest du sie vielleicht noch viel besser hingemalt, wenn du mit der linken Hand gezeichnet hättest? Bist du Linkshänderin?"

Das Mädchen errötete noch mehr „Eben ja!" hauchte sie. „In der Stadt habe ich linkshändig zeichnen dürfen, aber schreiben mußte ich mit der Rechten. Mit der linken Hand bin ich viel geschickter!"

Der Lehrer lächelte freundlich, er streichelte Pauline behutsam über die Haare. „Wenn du doch Linkshänderin bist: bei mir darfst du ohne weiteres mit der Linken zeichnen und schreiben. Mir ist die Hauptsache, daß du sauber und leserlich schreibst, gleichviel, ob du dazu die rechte oder linke Hand benutzest. Hat dir dies unser Hermann Gräub, dein Schulwegkamerad, nicht mitgeteilt — er schreibt ja auch links!"

„Nein!" sprach Päuli. „Das wußte ich nicht, daß man dies bei Ihnen tun darf!"

„Nun weißt du es aber!" schloß Herr Hager das Gespräch ab, und nachher begab er sich wieder an seinen Schreibtisch. „Legt einmal eure Stifte ab und hört zu!" befahl er. „Nimmt euch nicht wunder, wie solche Vasen hergestellt werden? — Ich habe im letzten Militärdienst einen Kameraden kennengelernt, der eine Töpferei besitzt, und ich habe ihn gefragt, ob ich diese einmal mit euch besuchen dürfte. Er war einverstanden. Ich brauche ihn nur anzurufen, um einen Nachmittag mit ihm zu vereinbaren. Er wohnt droben in Steffisburg. Wie wäre es, wenn wir einmal hinführen?"

„Oh jaaa!" rief die Schar begeistert, freudig. (Herr Hager hatte nichts anderes erwartet — aber er wollte die Klasse bestimmen lassen, die Reise nicht einfach anordnen — die Kinder sollten Mitspracherecht haben — die „Gemeinschaft" sollte beschließen.)

„Gut! Aber unsere Klassenkasse ist auf dem trockenen, wir haben nicht Geld genug, um die Bahn zu benutzen, wir müßten mit Rädern hinfahren. Können alle unter euch radfahren? Wer kann es nicht?"

Es meldeten sich drei Schülerinnen.

„Wir müssen sie erst fahren lehren!" sprach der Lehrer. „Wer könnte nächsten Mittwochnachmittag, da ihr schulfrei seid, mit dem Rad hinter den Rundbühlhubel kommen — dort ist ein fast ebener und sehr wenig befahrener Weg. Ihr müßtet zu Hause fragen, ob man euch frei gibt."

Etwa ein Dutzend Schülerinnen und Schüler versicherten, sie könnten kommen, andere mußten sich erst bei ihren Eltern erkundigen.

„Jetzt müssen wir noch sehen, ob wir Fahrräder genug für die Reise haben!"

Es fehlten deren fünf.

„Zwei davon könnten wir im Dorf beim Fahrradhändler ausborgen, mieten. Hierfür würde die Klassenkasse ausreichen. Ganz leeren dürfen wir sie aber nicht: wir wollen unterwegs Suppenkonserven, Würste und Brot kaufen und dann abkochen. — Wie könnten wir uns noch drei weitere Räder beschaffen?"

„Ich werde eines bringen können!" meldete sich ein Bub. „Meine

Schwester hat ein Damenvelo, um zur Arbeit zu fahren. Sie hat mich gern, und wenn ich sie darum bitte, schlägt sie es mir nicht ab! Sie kann gut einmal zu Fuß zur Arbeit gehen!"

„Schön! Nun fehlen uns aber noch zwei Räder!"

„Ich werde Frau Simmen, unsere Nachbarin, um ihr Rad fragen!" erklärte ein weiterer Bub. „Ich besorge für sie alle Botengänge, und sie ist nett!"

Zwei Mädchen konnten weitere Räder beschaffen.

„Somit wäre die Rad-Frage gelöst, wir hätten sogar eines in Reserve!", stellte der Lehrer fest. „Wir werden in einem kleinen Wäldchen abkochen. Wer von unseren besten Fahrern nimmt den Kochkessel mit, wer hat eine kleine Axt, wir brauchen auch zwei, drei Schöpflöffel?"

„Und wer faßt unterwegs die Würste und Brotlaibe — ich könnte es teilweise tun, ich werde den Militärrucksack meines Vaters mitnehmen!" meldete sich ein Knabe, und ein Mädchen meinte: „Die Buben werden uns durchbrennen — die wollen doch alle zeigen, was für ausgemachte Velorenner sie sind!"

„Da irrst du dich, Mariechen!" sprach der Lehrer. „Unsere Buben sind Kavaliere! Jeder wird ein Mädchen an seine Seite nehmen und hübsch im Tempo fahren!"

„Und die Mädchen nehmen wir straßenrandwärts, da sind sie vom Verkehr geschützt und können nicht ausbrechen!" fügte ein Knabe bei.

Kurz und gut: es wurde an alles gedacht, alles gemeinsam vorgeplant, so wie es in einer Klasse geschieht, falls es dem Lehrer gelungen ist, daraus eine wirkliche „Gemeinschaft" zu machen.

Die Reise sollte nicht allein dazu dienen, einen handwerklichen Betrieb anzusehen und die Schüler erfahren zu lassen, wie viel Arbeit und Mühe es braucht, um einen alltäglichen Gebrauchsgegenstand herzustellen; sie sollte — und dies war dem Lehrer die Hauptsache dabei — auch der Festigung des „Gemeinschaftsgefühles" dienen und im besonderen ihr neues Mitglied, die Päuli Berger, darin verankern.

(Deshalb habe ich die Geschichte mit dem Töpfereibesuch so genau in den Einzelheiten dargestellt: der Leser sollte einen handfesten Begriff bekommen [1], wie auf dieses Ziel hin gearbeitet werden kann. Die Lehrer, vielleicht auch die Eltern, werden wohl einwenden, da werde doch viel zuviel Zeit verbraucht: „Und das Pensum?" werden sie besorgt fragen, „der Lehrer ist doch in erster Linie dazu angestellt, die Kinder etwas zu lehren, und die Lehrpläne sind vollgestopft, man hat Mühe, sie in der kurzen Frist eines Jahres durchzunehmen!" — Ihnen darf man erwidern: das gute gefühlsmäßige Einvernehmen Lehrer/Schüler und Schüler/Lehrer — *der affektive Kontakt öffnet in staunenswerter Weise auch den intellektuellen Rapport;* die Schüler fassen rascher und leichter auf. Dabei wird sehr viel Zeit gewonnen, viel mehr, als man erwartet und sich vorstellt; meist kann man zum Schuljahrschluß noch etwas beginnen, was nicht im Lehrplan vorgeschrieben ist: eine Zierschrift einüben, ein Aufsatzbuch herstellen, ein Theaterstück bis zur Bühnenfertigkeit durchnehmen, um es am Schulschlußtag vor den Behörden und Eltern aufzuführen, in den Oberklassen gar die Anfänge der Stenographie erlernen lassen, Betriebsbesuche veranstalten usw.

Das Eingebettetsein in eine Gemeinschaft setzt das allgemeine Angstniveau herab

Kinder im Schulalter finden sich in einer Gemeinschaft in ähnlicher Weise geborgen wie im Elternhaus und Familienkreise. Die Klassen-Gemeinschaft ist ihr Hort, und unter Umständen — etwa bei zerrütteten Familienverhältnissen — ist die Klasse der Kinder „Heimat" [2]. Der Leiter, der Lehrer, wird je nach seinem Alter als älterer Bruder, als Vater, als Großvater unbewußt aufgefaßt, man

---

[1] H. Zulliger, Horde-Bande-Gemeinschaft, Stuttgart 1961.
[2] J. Schwarzmann, Die seelische Heimatlosigkeit im Kindesalter und ihre Auswirkungen, Schwarzenburg-Bern 1959.

vertraut ihm und erwartet von ihm in den persönlichen Nöten Hilfe. Und man bekommt sie auch.

Am Beispiel der Klasse von Lehrer Hager wurde, wenngleich nur skizzenhaft, dargestellt, wie es in einer Schülerklasse zugeht, aus der sich eine Gemeinschaft gebildet hat, und wie sich der Lehrer seine Aufgabe vorstellt und erfüllt. Man kann das „Klima" der Klasse mitfühlen und versteht, warum Lehrer Hager gerade zum bestimmten Zeitpunkt die Reise nach Steffisburg vorschlug: er begehrte, die Bande zu festigen, die Paula Berger an die Gemeinschaft band.

Interessant dürfte sein, daß der Radkamerad Päulis jener zweite Linkshänder der Klasse, Hermann Gräub, war. Päuli hatte ihn gefragt, ob er an ihrer Seite fahren würde. Er tat es in besorgter Kameradschaftlichkeit, ohne daß dies von ihm speziell gefordert wurde — wirklich aus dem Herzen heraus. Mit Freude konstatierte dies der Lehrer.

Dabei handelt es sich bei derartigen Paar-Relationen nicht um die Form von Liebe, die man als „Schul-Schatz-Paare" kennzeichnet. Die gegenseitige Liebe hat keinen erotischen Anstrich, es handelt sich nicht um „Verliebtheit" im landläufigen Sinne, vielmehr um *Brüderlichkeit*. Der Geschlechtsunterschied spielt dabei keine Rolle: die Partner können ebensogut zwei Mädchen oder zwei Knaben sein, die sich „gut mögen".

Herr Hager nützte aus, was er beobachtet hatte. Eines Tages, nachdem Päuli eine schlechte mündliche Bruchrechnungsprobe gemacht, behielt er sie und Hermann in der Pause bei sich. „Päuli hat von zwölf Rechnungen sieben richtig gelöst", eröffnete er das Gespräch. „Damit hat sie bewiesen, daß sie diese Aufgaben tatsächlich lösen kann, sie vermag sie zu verstehen. Wenn sie noch ein wenig übt, wird sie in der nächsten Probe, die wir in vierzehn Tagen veranstalten, zehn oder vielleicht überhaupt alle Aufgaben lösen können!" Die verweinten Augen Päulis leuchteten hoffnungsvoll auf. „Jetzt habe ich dich, Hermann, fragen wollen, ob du mit Päuli üben würdest, du, der du ein so geschickter Rechner bist. Ich gäbe dir die aufgeschriebenen Aufgaben, und du könntest sie deiner Kameradin erklären, ich gäbe euch auch weitere Aufgaben zum Lösen. Ihr könntet während der großen Pausen in der Schulstube bleiben und miteinander rechnen — und da ihr ja nicht weit voneinander wohnt, könntet ihr auch zu Hause miteinander rechnen. Sagt euren Eltern, ich wäre ihnen dankbar, wenn sie dies erlaubten, ich bäte sie darum. Vereinbart miteinander die Zeiten. — Du wirst recht bald auch gut rechnen können, Päuli, wirst sehen. Fasse nur Mut, ich bin sicher! Mit euren Eltern werde ich bei nächster Gelegenheit sprechen. — Päuli hat während der kurzen Zeit, da sie in unserem Dorf zur Schule geht, bereits ansehnliche Fortschritte gemacht. Ich freue mich jedesmal, wenn ich einen Aufsatz von ihr zu lesen bekomme, alles ist so lustig, lebendig und klar dargestellt, und die Illustrationen dazu sind belebt und drollig. Da kann was draus werden! Gewiß — Päuli macht noch viele Orthographiefehler. Tut nichts, mit der Zeit wird sich auch dies bessern. — Ja, die Päuli, die ist gar nicht so dumm, wie die Kappe scheint! Trau dir nur etwas zu!"

Wenn Kinder in ihrer Altersprache einander etwas erklären, geht es ihnen oft besser ein, als wenn der Lehrer das gleiche erklärt. Es ist dies eine Erfahrungstatsache, die auch Herr Hager wohl kannte und ausnutzte.

Man möge betrachten, wie Herr Hager bei Päuli vorging. Er kritisierte das Mädchen nicht in negativem Sinne. Beim Gespräch zog er anerkennend erst das hervor, was gelobt werden konnte, und erst dann stellte er die Mängel fest, aber nicht durch Worte der Heruntersetzung.

Denn das Mädchen hatte eine aufrichtende, ermutigende „ästimierende" Erziehung nötig, sein Selbstgefühl, Selbstwertgefühl — sein „Ich" mußte gestärkt werden, damit es mehr als bislang leisten konnte.

Damit ist angedeutet, wie sich der Lehrer Hager sein Verhalten der Schülerin gegenüber vornahm, und in welcher Art und Weise er es gestaltete.

Anstatt sie zu tadeln: „Was hast du da wiederum für dumme Fehler in deinem Aufsatz gemacht, bist du denn blödsinnig!" usw. sagte er zu ihr: „Dein Aufsatz ist inhaltlich gut, darf ich ihn der Klasse vorlesen? Oder würdest du ihn selber vorlesen?"

Ein andermal: „Du weißt ja selber ganz genau, daß du in der Orthographie keine Heldin bist. Aber das ließe sich bessern. Frag mal zu Hause, ob man dir jeden Tag eine Viertelstunde mehr Zeit zum Aufgabenmachen zuteilen würde. Ich gäbe dir dann ein besonderes Heft. Darein könntest du je eine halbe Seite pro Tag niederschreiben und mir am nächsten Tage vorzeigen. Wir würden dann zusammen die Böcke jagen. Wenn du dies eine Zeitlang durchführen würdest, verschwände deine Schwäche in der Orthographie ganz bestimmt, denn Orthographie ist hauptsächlich eine Übungsangelegenheit! — Bring mir morgen Bescheid von zu Hause!"

Nach und nach zeichnete sich der Erfolg ab. Päuli rückte vor, ihr vorher ernstes und besorgtes Gesichtchen wurde allmählich heiter, zuversichtlicher. Die Eltern stellten dies auch fest und berichteten, ihre Tochter — ein Wunder — liebe die Schule und das Lernen, Päuli sei „eifrig" hinter den Schulaufgaben, während sie ihr früher verhaßt waren. Alles sei wie von selber gekommen, dem Mädchen gehe endlich der Knopf auf. Herr Hager schmunzelte, aber er unterhielt sich mit Bergers nicht über die Gründe des „Wunders".

Als Päuli sich dem Schluß der obligatorischen Schulzeit näherte, stand sie an der Spitze der Klasse. Sie sah auch gänzlich anders aus als einst, da sie eingetreten. Zuerst ging sie nach Schulaustritt für ein Jahr in die französische Schweiz zu einem „Haushalt-Jahr", in einen Bauernbetrieb, um die dortige Umgangssprache zu erlernen. Sie half der Hausfrau, besorgte deren Kinder, beschäftigte sich im Garten, auf Feld und Acker, reifte dabei aus.

Dann kam sie zurück und besuchte in der Stadt die Frauenarbeitsschule. Sie begehrte, Krankenschwester zu werden. Zunächst ließ sie sich in einem Jahreskurs in einer Handelsschule ausbilden. Die Direktion der Schule schlug ihr vor, Lochkartenspezialistin zu werden, dabei könne sie gut verdienen. Diese Beschäftigung lockte Päuli nicht, sie hielt an ihrem Berufswunsche fest. In einem Krankenhaus nahm man sie als „Hilfsschwester" an. Nachdem sie sich als solche bewährt hatte, konnte sie als „Lernschwester" in ihrer Berufslehre weiterfahren und als Einundzwanzigjährige bestand sie das Abschlußexamen als fertige „Rotkreuz-Schwester". Niemand hätte ihr angesehen, daß sie einst als „Schwachbegabte" galt. Ihre Unsicherheit und Ängstlichkeit hatte sie vollends verloren.

Herrn Hager schriebe sie einmal: „Bis ich zu Ihnen ins 7. Schuljahr kam, hatte ich *Angst vor der Schule* und glaubte, ich sei dumm. Alle Lehrer sagten mir dies auch. Ich glaubte es, ebenso glaubten es meine Eltern. Bei Ihnen und meinen neuen Kameraden änderte es sich, die Schule wurde mir lieb. Ich weiß nicht, warum dem so geschah, aber ich bin sehr froh darüber. Auf die Klassenzusammenkunft freue ich mich. Es war an der Zeit, eine solche zu veranstalten, jetzt, da schon acht Jahre nach dem Schulaustritt verstrichen sind. Karl Schäfer hatte eine gute Idee, uns zusammenzurufen, und Sie müssen unbedingt auch daran teilnehmen, sonst würde uns etwas fehlen ..."

„Angst macht dumm!" ... es war einst Angst gewesen, die Päuli „dumm" machte ... Wir haben sehen können, wie die Angst Päulis durch das Mittel einer aufrichtenden, ermunternden, ermutigenden Schulerziehung mit Erfolg bekämpft werden konnte. Es hätte dies jedoch ebensogut mit einer entsprechenden häuslichen Erziehung geschehen können.

Noch bestehen ungelöste Rätsel darüber, warum Päuli angsthaft war. Vermutlich hat sie ihre „natürliche diffuse Angst", die „Existenzangst", an die Schule und das Lernen fixiert — in ähnlicher Art, wie dies andere Kinder etwa an bestimmte Tiere, Räumlichkeiten usw. tun, oder an das Wetter (Angst vor Gewittern), an die Dunkelheit heften.

Aber Angst macht nicht in jedem Falle „dumm". Wir verdanken unserer Lebensangst, wie bereits im ersten Kapitel gesagt, allerhand soziale und technische Einrichtungen. Aus der Realangst heraus sicherten wir uns gegen gefährliche Tiere, wir erfanden allerhand praktische Hilfsmittel und Maschinen, wir bauten unsere Wohnungen aus, wir organisierten für unseren Nachwuchs Schulen, um ihn „lebenstüchtig" zu machen usw.

Aber auch manche philosophischen Systeme sind aus der Angst entstanden (Kierkegaard), ebenso Religionsformen [3].

Die Angst hat uns demnach nicht nur Schäden gebracht, und wir dürfen sie nicht einseitig betrachten.

Andernteils gibt es verhältnismäßig zahlreiche Kinder, die durch Angst dumm, scheinbar debil oder partiell debil werden. Heute hat man Hilfsmittel zur Hand, um pseudodebile Kinder als solche zu erkennen und sie von den wirklich schwachbegabten zu unterscheiden. Sie gehören nicht in die Hilfsschulen oder Hilfsklassen; wenn es so oder anders gelingt, ihre Angst zu beseitigen (via Erziehung oder Kinderpsychotherapie), so können sie ihre gute Intelligenzanlage realisieren, auswerten.

---

[3] O. Pfister, Das Christentum und die Angst, Zürich 1944.

DRITTES KAPITEL

Traumatische Angst und Intelligenzhemmung

Fall eines Mädchens, das nach einem schreckhaften Erlebnis (scheinbar)
verblödete. Untersuchung anhand einer „Test-Batterie"

Eine Mutter mit Namen G. rief an, ich möchte ihr zehneinhalb-
jähriges Töchterchen, Christine, testpsychologisch untersuchen, der
Hausarzt habe hierzu geraten.
Christine falle mit ihren Schulleistungen zusehends ab. Der Lehrer
halte die Kleine für schwachbegabt und spreche von einer Versetzung in die Hilfsschule. Frau G. würde dies nicht als Familien-
schande auffassen — aber sie sei nicht davon überzeugt, daß
Christine wirklich debil sei, denn während ihrer ersten zwei Schul-
jahre, die sie in Bern absolvierte, habe das Mädchen gute Schul-
zeugnisse nach Hause gebracht. Auch habe sie drei ältere Geschwister, von denen keines minderbegabt sei, der um fünf Jahre
ältere Emil besuche die dörfische Sekundarschule, die Schwester
Angela stecke im ersten Kurs des Lehrerinnenseminares, sei sieben
Jahre älter als Christine, und der um acht Jahre ältere Bruder
Hermann befinde sich in einer Bank-Lehre in L., einer Stadt in der
französisch sprechenden Schweiz. Auch Christinens Lehrer wünsche,
daß seine Schülerin psychologisch geprüft werde. Die Mutter G. ist
an den Vormittagen als Laborantin in einer chemischen Fabrik
tätig.
Christine habe Gelegenheit, mit einer Nachbarin zu mir heraus
zu fahren. Diese besitze einen Wagen. Sie sei Reise-Dame eines
Textilunternehmens und besuche gerade unsere Gegend. Mutter G.
komme später, an einem Samstagnachmittag, zu mir. Da sei ihre
Tochter Angela zu Hause und könne Christine, mit der sie sich
sehr gut vertrage, beaufsichtigen.
Christine habe sich auch zu Hause verändert. Sie habe begonnen,
frühkindhaft zu sprechen, Lall-Liedchen zu singen und intensiv

mit Puppen zu spielen, was sie früher nicht tat. Außerdem habe sie häufig Kopfschmerzen, Anfälle von Schwäche und erbreche sich grundlos. Der Arzt erklärte diese Erscheinungen als „nervös" bedingt und verordnete Beruhigungsmittel.

Es wird eine Zeit vereinbart. Die Nachbarin bringt das Mädchen zu mir, und wir führen die Tests durch.

Das Mädchen ist, gemessen an seinem Alter, in die Länge geschossen, aber von gesunder Gesichtsfarbe, feingliedrig, schmalhändig, mit ovalem Antlitz, spitzem Kinn und scheint vom leptosom-asthenischen Körperbau (nach Kretschmer) zu sein. Es schaut mich neugierig und scheu an, als ich es in eine gewöhnlich ausgestattete Stube führe. Ich eröffne ein Geplauder über seine Herfahrt, und als ich wahrnehme, es habe seine Befangenheit verloren, beginne ich mit den Tests.

Wir führen zuerst den *Baum-Test* (nach Koch, Luzern), dann den *Zeichen-Test* (nach Wartegg, Berlin) mit Farben und in der Art, wie er seinerzeit im Wehrpsychologischen Dienst unserer Armee verwendet wurde, durch. Hierauf vollziehen wir einen um fünf Fabeln erweiterten *Fabel-Test* (nach Louisa Düss, Genf), schließlich den *Zulliger-Dreitafeln-Formdeut-Test* und den *Behn-Rorschach-Test*. Zur Durchführung der erwähnten „Test-Batterie" (Ausdruck nach Heiss, Freiburg im Breisgau) werden drei Stunden gebraucht, und nachher holt die Nachbarin Christine zur Rückfahrt ab.

Verarbeitung der Tests

Der *Baum* sieht tatsächlich so wie der einer Debilen aus (siehe S. 52). Er ist auf den unteren Zeichenblattrand gesetzt. Koch sagt aus, es sei dies für Kinder bis zum 8. Lebensjahr „normal"; bei älteren bedeute es im eigentlichen und im übertragenen Sinne ein kindliches Weltbild, Schwachbegabung, einen engen Horizont, Kindsköpfigkeit, Lebensuntüchtigkeit, Unreife und Infantilität.

Die Baumkrone ist aufgestockt, was für Kinder bis zum 6. bis 7. Altersjahr „normal" ist, bei älteren auf Debilität hindeutet.

In der Zeichnung Christines ist der Stamm durch seine Trennungslinie oben von der Krone abgeschnitten, die Äste sind daraufgesetzt, aufgestockt. Es läßt dies auf neurotiforme Verwicklungen schließen, insbesondere auf ein erlebtes Mißverhältnis zwischen Wunschwelt und Wirklichkeit, zwischen Wollen und Tun, auf eine gebrochene Denk- und Fühlweise.

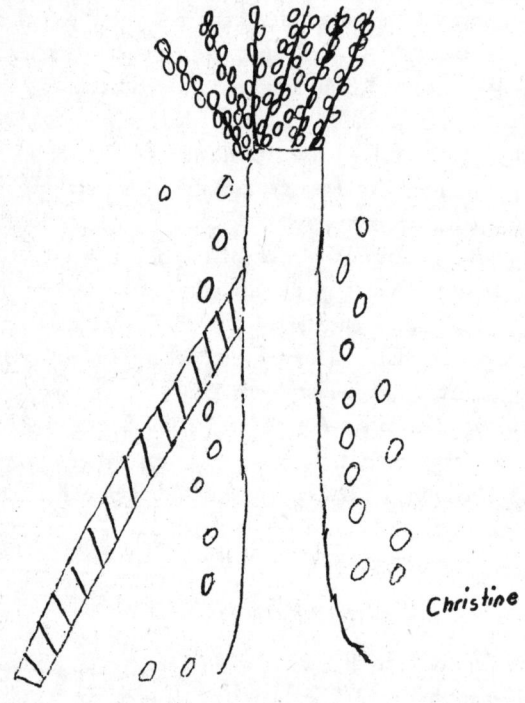

Für Kinder im Vorschulalter wäre „normal", daß die Krone wie bei Christine klein und auf einen langen Stamm gezeichnet ist. Bei älteren Kindern deutet es auf Entwicklungshemmungen, Schwachsinn und Infantilität.
Der Baum Christines steht auf der linken Blatthälfte. So zeichnen Menschen, die stark an ihre Familie und muttergebunden sind.

Immerhin neigt der Stamm in der Richtung nach rechts, was bedeutet, daß die Zeichnerin die Berührung mit der Realität sucht, dem „Neuen" und der Zukunft gegenüber aufgeschlossen, an allem „interessiert" ist.

Der Wurzelansatz ist verbreitert. Dies wird bei Zeichnern beobachtet, die schwerfällig im Auffassen und Begreifen sind und an Lernstörungen leiden. Geistig Unbeholfene zeichnen so.

Die Stammrandlinien verlaufen parallel. So zeichnen „brave" Kinder und Schüler, die nicht wegen Streichen, Neckereien und dergleichen Erziehungsschwierigkeiten auffallen.

Die Muttergebundenheit und der Zuwendungs-Charakter Christines ist auch durch die angelehnte Leier betont.

Die Stammrandlinien sind zusammengesetzt: Christine ist sehr sensibel und sensitiv, darum seelisch leicht verwundbar. Die fallenden Blätter bestätigen dies. Sie sprechen ferner dafür, daß das Mädchen irgendeinen Verlust erlitten hat, ein „Opfer" brachte – auf etwas, das ihm wert war, verzichten, es aufgeben mußte, ein Leid, einen Schmerz tragen muß (Koch). Andernteils ist das Mädchen bestrebt, Sorgen usw. „mannhaft" zu ertragen; dafür zeugt der Wechsel bei der Strichgebung; am Stamm ist sie fein, bei den Ästen grabend, dick hart. Einzelne Zweiglein münden in Spitzen aus: man könnte sich vorstellen, daß Christine auch Regungen von Kritik, Oppositionslust und Trotz zeigen kann, sowohl gegenüber der Mutter (vereinzeltes spitzes Zweiglein links oben) als auch gegenüber der außerfamiliären Welt (Spitzen an den drei Zweigen rechts). Die „Spitzen" sind charakterlich positiv zu werten: Christine sucht das, was sie bedrückt (abgeflachte Krone), zu meistern, sich gegen die seelische Verletzung zu wehren, sich daraus wiederum aufzufangen.

Der *Wartegg-Zeichentest* ist nicht der einer Debilen, obwohl sich eine gewisse Perseverationstendenz äußert – dreimal sind Blumen gezeichnet (Lösungen 5 — 2 — 8). Eine Debile würde die vorgezeichneten Zeichen überhaupt nicht beachten und verwenden, würde in viel stärkerem Maße perseverieren, schematisieren, auf infantile Art abstrakte Zeichnungen gestalten (etwa Striche und Strichlein, die nichts bedeuten), die vorgezeichneten Zeichen repetieren.

Christine zeichnet zuerst eine strahlende Sonne — die Strahlen überborden sogar die Zeichenfläche. Eigentlich müßte sie ein frohmütiges, „sonniges" Kind sein, sie ist es anlagemäßig. Sie ist das bescheidene Blümchen (Lösungen 5 und 2), aber sie sucht nach Geborgenheit und schrankt sich gegen die Außenwelt ab, und dies geschieht gegen „hinten", das heißt in der Richtung der Vergangenheit, um sich zu schützen (Lösung 2). Auch das Haus (Lösung 3) spricht dafür, daß Christine Geborgenheit sucht. Im Fenster dieses Hauses steht eine menschliche Figur, die nach außen schaut; es ist Christine selber, die vom ersten Stock her in die Welt blickt. Es bedeutet dies die Neugier, den Wissensdurst, das Aufgeschlossensein für das Neue, wie wir es schon bei der Betrachtung des Baumes feststellen konnten. Es folgt als Lösung 4 ein wildes Tier, das mit seinem Schwanz bis in den Garten (2) hineinreicht. Damit ist dargestellt, daß Christine von irgend etwas geängstigt wird. Lösung 6, das Zelt, bestätigt dies; erstens deutet das Zelt wiederum auf das Geborgenheitsbedürfnis hin, gleich wie das Haus (3) und der Gartenzaun (2); zweitens ist — nur einmal — eine knallrote Farbe, die „Affektfarbe" verwendet; drittens ist die Vorlage 5 das „dynamische Zeichen"; aus ihm sollte etwas Bewegtes gestaltet werden. — Die Dynamik in Christine ist gehemmt. Ferner haben viele Vergleiche und Erfahrungen bewiesen, daß Zeichner, die bei Zeichen 5 Knallrot verwenden, neurotisch sind. Das Knallrot beim Warteggzeichen 5 entspricht regelmäßig einem Rotschock in den Formdeuttests, der immer auf neurotische Verdrängungstendenzen und Angst hindeutet. Lösung 7 wird zur Gestaltung eines Sternes verwendet; im Bewußtsein aller Menschen bedeutet ein Stern = Hoffnung, Glaube an ein gutmeinendes Schicksal, Zuversichtlichkeit. Aber der Stern Christines hat einen dunkeln Kern. Demnach darf man deuten: die Hoffnungsfreudigkeit des Mädchens ist getrübt, gedämpft, „verhindert", und ein Wunschbild. Die spitzen Zacken des Sterns haben aber den Sinn, daß das Mädchen eine Bereitschaft entwickelt, sich zu wehren. Die Zacken haben die gleiche Bedeutung wie die in Spitzen auslaufenden Zweige am Baum. Lösung 8 zeigt Blümlein in einer Vase, die Vase steht in einem Blumenteller; sie stellt nochmals das Geborgenheitsbedürfnis der Zeichnerin dar, sie selber ist das bescheidene Blümlein.

Eigentlich erzählt der Wartegg ein Stück der Lebensgeschichte Christines. Irgend etwas, dargestellt im wilden Tier, hat das Mädchen in seinem Geborgenheitsgefühl erschüttert. Es hat irgendeinen argen Schock erlebt, den es noch nicht hat verkraften können. Aber es sind Anzeichen vorhanden (Lösung 8), daß Christine dies in der Zukunft tun kann. Andere Anzeichen sprechen dafür (Lösung 5), daß sie hierzu auch neurotiforme Organisationen benutzt.

Die liebevolle Ausgestaltung des Hauses (3), man beachte die Ziegel, die Vorhänge an den Fenstern, das Schloß an der Türe, beweist, daß Christine fleißig sein kann. Nochmals: das Mädchen ist nicht debil! Sein Leistungsabfall in der Schule muß andere, wohl neurotische Gründe haben.

Auch der um die fünf letzten Fabeln erweiterte *Düss-Fabel-Test* spricht gegen Debilität.

Er lautet:

Fabel 1: „Auf einer Buche am Waldrand ist ein Vogelnest. Darin schlafen zwei alte und ein junges Vöglein. Da kommt in der Nacht ein starker Sturmwind, schüttelt die Buche, und das Nest samt den Vöglein fällt auf den Weg hinunter. Die Vöglein erschrecken und erwachen. Das Mütterchen, in der Angst, fliegt sofort wieder auf die Buche, wo vorher das Nestlein war, das Väterchen auf die Tanne gegenüber. Was tut das kleine Vöglein — es kann auch schon recht gut fliegen?"

Antwort Christinens: „Es fliegt auch davon auf einen Baum, dann zum Väterchen — oder zur Mutter."

Fabel 2: „Am Stadtrand steht eine kleine Villa. Sie ist bewohnt von einem Vater, einer Mutter und ihrem neunjährigen Töchterchen. Die Eltern feiern gerade ein Fest, weil sie zehn Jahre lang verheiratet sind. Alles ist schön und nett, alle haben einander lieb. Mitten im Fest geht das Mädchen in den Garten. Warum wohl?"

Antwort: „Es will für die Eltern Blumen holen."

Fabel 3: „Bei einem Bauernhaus ist eine kleine Weide. Darauf grasen eine Schafmutter und ihr schon recht großes Lamm. Wenn das Lamm Durst hat, geht es ans Euter der Mutter, Milch trinken. Da kommt der Bauer daher und bringt ein ganz kleines Lämmchen. Er spricht zur Schafmutter: „Gib dem Lämmchen zu trinken, es hat Durst!" Die Schafmutter spricht zum großen Lamm: „Schau, ich habe nicht Milch für zwei, nur für eines. Ich möchte sie dem Kleinen geben. Friß du weiter Gras, und wenn Du Durst hast, geh dort an den Bach hinunter und trinke Wasser!" — Was sagt oder was tut das große Lamm?"

Antwort: „Es gehorcht der Mutter und macht dem Kleinen Platz."

Fabel 4: „Außerhalb des Dorfes befindet sich ein kleineres Bauerngut. Es wird bewirtschaftet von einem Vater, einer Mutter, einem Sohn und einer Tochter. Eines Tages kommen Leute vom Dorf her, vier Männer treten mit einer Bahre ins Haus und kommen mit einem Sarg darauf wieder heraus, jemand von den vier Insassen ist gestorben. Wer ist wohl gestorben?"

Antwort, nach auffallend verlängerter Reaktionszeit, gänzlich affektlos: „Eine alte Tante ist gestorben."

Fabel 5: „Draußen, irgendwo, steht ein kleines Mädchen und sagt in einem zu: „O, wie habe ich Angst, o, wie habe ich Angst!" — Warum hat es Angst?"

Antwort: „Es hat Angst vor einem bösen Tier. Dieses könnte es fressen oder zertrampeln!"

Fabel 6: „Ein kleines Mädchen im Kindergartenalter hat einen schönen Spielelefanten aus Stoff, mit schönem Rüssel, Stoßzähnen und Schwanz und einer samtenen Haut. Das Mädchen kommt einmal vom Kindergarten heim und will den Elefanten, der sein Lieblingsspielzeug ist, nehmen. Als es ihn erblickt, sieht es, daß etwas daran anders ist, verändert ist. Was ist wohl anders?"

Antwort: „Es war ein jüngeres Kind da, und es hat den Elefanten beschmutzt."

Fabel 7: „Ein Mädchen hat in der Schule etwas aus Lehm modelliert. Was wohl?" „Einen Aschenbecher." „Der Aschenbecher gefiel dem Lehrer, und er sagte, er gebe ihn einem Töpfer zum Brennen, damit er fest werde. Er tat es. Jetzt brachte das Mädchen den Gegenstand nach Hause, der Vater sah ihn und sagte: „Du, der Aschenbecher gefällt mir auch, der ist dir wirklich gut herausgekommen. Du könntest ihn mir schenken. Aber gelt, wenn du ihn lieber für dich behalten möchtest, dann behalte ihn nur!" — Was tut das Mädchen?"

Antwort, sofort und lebhaft: „Es schenkt ihn dem Papa!"

Fabel 8: „Ein kleines Mädchen durfte einen ganzen Sonntagnachmittag lang ganz allein mit seinem Vater spazierengehen. Sie hatten es schön, streiften durch Felder und Wälder, spielten, sammelten einen Feldblumenstrauß, und als es zunachtete, kamen sie heim. Da sah das Mädchen, daß die Mutter ein anderes Gesicht machte als gewöhnlich. Warum machte sie ein anderes Gesicht?"

Antwort: „Sie hatte Angst, die Spaziergänger könnten im Wald ein wildes Tier antreffen, das ihnen was zuleide tut."

Fabel 9: „Ein Mädchen ist gewohnt, sofort die Hausaufgaben zu besorgen, sobald es von der Schule heimkommt. Man braucht es dazu nicht zu nötigen. Einmal ist es gerade nach Hause gekommen und packt seine Schultasche aus, nimmt Bücher und Hefte und Schreibzeug hervor. Da tritt die Mutter in die Türe und sagt: „Ei, du brauchst jetzt nicht schon wieder zu arbeiten — ich habe dir eine große Neuigkeit mitzuteilen. — Was ist dies wohl für eine Neuigkeit?"

Antwort: „Es darf mit der Mutter einen Einkauf machen gehen und kann die Schulaufgaben nachher besorgen."

Fabel 10: „Am Morgen kommt die Mutter, weckt ihr Töchterchen. Es soll sich zurechtmachen, essen und dann zur Schule gehen. Da streckt sich das Mädchen und klagt: „O, Mutti, ich bin noch so sehr müde, ich habe fast die ganze Nacht nicht schlafen können. Ich hatte einen schlechten Traum, der weckte mich, und ich mußte immer an ihn denken." — Was hatte das Mädchen wohl geträumt?"

Antwort: „Am Vortage hatte es in der Schule bei einer Arbeit Pech. Dies kam ihm in der Nacht vor."

Fabel 11: „Du gehst in den Wald. Kaum bist du eingetreten, steht auf einmal eine wunderschöne Fee vor dir und sagt: ‚Christinchen, du darfst drei Wünsche tun, die werde ich dir erfüllen!' Was für drei Wünsche tust du?"

Antwort: „Erstens ein Fahrrad; zweitens, daß ich bauern und mich mit Haustieren abgeben könnte; drittens ein Würfelspiel ‚Reise durch die Schweiz' — da lernt man Heimatkunde!"

Fabel 12: „Die Fee sagt weiter zu dir: ‚Wenn du dich in ein Tier verwandeln könntest — was für ein Tier möchtest du sein, und warum?'"

Antwort: „Ein Pferd — das kann ziehen und auf den Feldern sein."

„Wenn du dich in einen Baum verwandeln könntest, was für ein Baum möchtest du sein und warum?"

„Eine Tanne — darauf können die Vögelchen nisten und sind geschützt."

„Wenn du dich in eine Blume verwandeln könntest?"

„In ein Schneeglöcklein — die frieren nicht, auch wenn es noch schneit!"

„Wenn du dich in einen anderen Menschen verwandeln könntest?"

„Da möchte ich meine große Schwester sein, die Angela, die im Lehrerinnenseminar ist und schon bald selber Schule halten darf."

Fabel 13: „Die Fee sagt weiter zu dir: ‚Wenn du jetzt, ohne erst eine Lehre durchzumachen und ohne erst dazu geschult zu werden, gerade den Beruf versehen könntest, der dir am besten gefällt — was möchtest du sein?'"

Antwort: „Kinderschwester, Säuglingsschwester — ich habe so sehr Freude an den Kleinen!"

Fabel 14: „Die Fenster stehen offen, und man hört in der Nachbarschaft ein Ehepaar, das sich wegen etwas streitet. Worüber streitet es sich?"

Antwort: „Der Mann will für seine Frau ein Auto kaufen, die Frau sagt, das sei nicht nötig, es sei ein allzu teures Geschenk."

Fabel 15: „Es ist mitten in der Nacht, und man hört in einer Nachbarwohnung ein kleines Kind, einen Säugling weinen. Warum wohl weint er?"

Antwort: „Weil er so allein ist."

Die Fabel-Ergänzung 1 zeigt die starke Familienverbundenheit Christines, ebenso 2. Der Vater scheint der Probandin besonders wert zu sein (1—4—7), daraufhin deutet sehr augenscheinlich die Ergänzung zu Fabel 1 und 4. Gewöhnlich fliegt das kleine Vöglein zu seiner Mutter, auch wenn die Versuchspersonen kleine Mädchen sind. Daß es zum Vater fliegt, beobachtet man nur bei Mädchen im ersten Pubertätsalter, dann, wenn bei ihnen der weibliche Ödipuskonflikt gerade akut ist.

Die Fabellösung 3 spricht von der Überwindung der oralen Bindung an die Mutter, und daß bei Christine kein Geschwisterneid besteht.

Die Fabel 4 zeigt, daß diese für Christine peinlich ist. Das Mädchen phantasiert eine weitere Person in die Familie, eine alte Tante, und läßt diese sterben. Gewöhnlich betrifft der Todesfall eines der Eltern, „weil sie schon alt" seien. Wirken starke Schuldgefühle, dann ist die Tochter oder der Sohn verschieden. Der Gedanke an den Tod, eines der näheren Blutsverwandten Christines muß für das Mädchen unerträglich sein: darum die auffallend verlängerte Reaktionszeit und das Hinzuphantasieren einer weiteren Person in der Familie, obwohl in der Fabel darauf zweimal Gewicht gelegt wird, daß im Hause nur vier Insassen vorhanden sind.

Fabel 5 könnte vom vorangegangenen Warteggtest beeinflußt sein: wiederum ist ein böses Tier da; hinzugefügt wird, daß dieses das kleine Mädchen fressen oder zertrampeln könnte. Wir können auf Überreste von Tierphobien schließen, die in Christine noch wirksam sind.

Die Fabel 6 geht darauf aus, zu prüfen, ob der Proband an einem Kastrationskomplex herumlaboriere. Die gewöhnliche Ergänzung lautet: „Der Elefant hat einen Stoßzahn ab — der Elefant hat den Rüssel abgerissen, hat den Schwanz ab, hat ein Ohr ab." Bei Mädchen kommt mitunter die Antwort: „Die Haut ist zerrissen, und der Inhalt, etwa das Sägemehl, fällt aus dem Leibe!" (Menstruationskomplex.) — Christine gibt zur Antwort, das Spielzeug sei beschmutzt worden. Wir können erraten, daß die Probandin viel auf Sauberkeit hält, wohl frühzeitig auf Sauberkeit und Ordentlichkeit hin erzogen worden ist, aber daß sie spezielle geschlechtliche Problematik nicht, noch nicht, belästigt.

Fabel 9 prüft das Verhältnis zum Lernen, zur Schule. Die gewöhnliche Ergänzung lautet: „Am nächsten Morgen ist schulfrei — am nächsten Morgen beginnen Ferien — der Lehrer ist krank geworden, und darum fällt am nächsten Morgen die Schule aus." Christine liebt, nach ihrer Antwort zu schließen, die Schule nicht sehr, aber pflichtwillig will sie die Schulaufgaben doch, nach dem Einkaufsgang mit der Mutter, besorgen.

Daß das Mädchen sich der Schule wegen Sorgen macht, beweist die Fabellösung 10 — Schulsorgen wecken sie aus dem Schlafe und lassen sie lange nicht wieder einschlummern.

Die Fabeln 11 und 12 beleuchten die Wunschwelt. Sie ist bei Christine noch recht infantil: sie wünscht sich ein Fahrrad, die Betreuung von Haustieren und ein Würfelspiel, das Beziehung auf die Schule nimmt. Christine befindet sich noch im „Spiel-Alter". — Sie möchte ein Pferd sein, weil ein solches ziehen und auf den Feldern leben kann — sie wünscht eine Tanne zu sein, weil sich Vöglein darauf ansiedeln können und dort geborgen sind — das Wunschleben der Probandin ist demnach schon nicht mehr gänzlich egoistisch. Etwas muß in Christine sein, daß sie friert; denn sie wünscht ein Schneeglöcklein darum zu sein, weil dieses die Kälte ertragen kann. Schließlich wünscht Christine die ältere Schwester zu sein. Diese hat der kleineren darum imponiert, weil sie Studierende an einem Lehrerinnenseminar und bald imstande ist, eigene Schüler zu unterrichten.

Die Fabelergänzung 13 verrät den Berufswunsch, den gesunden

Mutter- und Pflegeinstinkt der Zehneinhalbjährigen, den altruistischen Wesenszug, der auch durch die Antwort auf Fabel 14 deutlich wird. (Gewöhnliche Ergänzung: „Sie streiten sich einer Bagatelle wegen – die Frau will einen neuen Hut, einen Pelzmantel kaufen, der Mann versagt es ihr; die Frau will ein größeres Haushaltungsgeld, der Mann behauptet, dies nicht leisten zu können" und dergleichen.)
In Fabel 15 zeigt Christine wiederum ihre Angst, verlassen zu sein.

Der *Zulliger-Tafeln-Test* brauchte 12 Minuten zu seiner Durchführung bei doppelter Darbietung.

Die Antworten Christinens lauten:

Beginn: 10.45

I.

Zwei Augen	Do→	ZwF + Augen
Da ein Mund	Do→	ZwF + Md
Hier sind Pfoten eines Tieres (oben)		DF + Td

(2. Darbietung):		
Da sind zwei Kuhhörner (oben)		DF + Td
Wolke, Gewitter	HdF→	GF ± Wolke

II.

Verlängerte Reaktionszeit	Schock		
Hier sehe ich zwei Engerlinge (Braun)		DFFb T	V
Und da sind zwei grüne Frösche		DFbF T	
Farb-Konfabulation			

Da ist wiederum ein Auge (Zw im Grün)	ZwF ± Auge, inf.
	Abstraktion

III.

Hände (außen)		DoF + Md	(V)
Zwei Zwerge, die tanzen (Rot, außen)	Bkl→	DB + M	V
Zwei Gesichter (gr. Sz. Fleck, Teil oben)		DoF + Md	(V)
Ein Insekt, vielleicht ein Maikäfer (Rot, Mitte)		DF ± T	

c Zwei Schwänzchen (am kl. Sz. Fleck)	DoF + Td
a Hier sind wiederum Hörner (oben, gr. Sz. Fleck)	DdF + Td

Schluß: 10.57

Gleich nach dem Zulliger-Tafeln-Test wird der *Behn-Rorschach-Test* durchgeführt. Die Erfahrung hat gelehrt, es sei besser, diesen als den Rorschach-Test mit Kindern bis zum Beginn des Pubertätsalters zu benutzen. Die Bilder sind etwas kleiner als die des Rorschach-Tests, und im übrigen haben einst Dr. med. Behn-Eschenburg und sein Chefarzt Dr. med. Rorschach die beiden Zehntafelnserien aneinander geeicht. Die etwas kleineren Bilder des BERO können die Kinder leichter als Ganzes erfassen, was für die Eruierung der Intelligenzfaktoren, der Intelligenzart und -struktur, des Intelligenzgrades von Wichtigkeit ist.

Beide Tests stimmen faktorenmäßig in ihren Ergebnissen miteinander überein, auch mit dem aus den übrigen Tests Hervorgegangenem, und sie ergänzen das bislang gewonnene Bild Christines.

Ich füge die Testverrechnung bei. Die Deutungen zum BERO setze ich nicht hin, wohl aber auf dem Verrechnungsblatt die Zahlen zum BERO hinter denen des Z., damit man beide miteinander vergleichen kann.

Verrechnung

Tafeln-Z-Test				Behn				Reaktionszeit = 12′	29′
								Antwortenzahl = 14/3	22/6
G	=	1	3	F+	=	9	14	V = 4	7
D	=	6	13	F—	=	—	—	O = —	—
Dd	=	1	3	F±	=	2	2		
Do	=	3≻(5)2		B	=	1	1	M = 1	2
Zw	=	3	1	Bkl	=	(1)	2	Md = 3	1
				FFb	=	1	2	T = 3	13
F %	=	90	93	FbF	=	1	1	Td = 4	5
T %	=	50	81	HdF	=	(1)	(1)	Pfl = —	1
V %	=	28	31					Wolke = 1	—
O %	=	—	—						
M %	=	42	25						
Anat %	=	—	—						

Sukzession:	geordnet, Neiz. z. Umk.	dito
Erlebnistypus:	1 B : 1 1/2 Fb	1 B : 2 Fb
Erfassungstypus:	G — D — Dd — Do — Zw	dito

| Rotschock: | + |
| Fb-Schock: | + |

Bemerkungen:

Farb-Konfabulation	dito
Infantile Abstraktionen	dito
	M = Verdrängung

Aus den Formdeut-Tests geht vollkommen schlüssig hervor, daß Christine auf keinen Fall eine Debile sein kann. Anlagemäßig ist sie nicht nur eine Durchschnittlich-, eher eine Besserbegabte.

Dafür sprechen vor allem die hohen Formprozente (90 und 93, scharfe Augen, scharfe Realitätserfassung), die geordnete Sukzession der Erfassungsmodi (die gute logische Funktion), der weite Erfassungstypus (relativ weiter „Horizont").

Und nun wäre abzulesen, aus was für Gründen Christine ihre guten Anlagen nicht realisieren kann.

Vergleichen wir die Antwortenzahlen mit der Reaktionszeit, dann sehen wir, daß Christine schwerfällig denkt; die normale mittlere Reaktionszeit beim Z ist $1/_3$ bis $1/_2$ Minute beim BERO 1 Minute. Christine braucht für 14 Antworten im Z 12 Minuten, für 22 Antworten im BERO 29 Minuten.

Weiter: Christine hat Mühe, Ganzdeutungen zu produzieren, also größere und kompliziertere Zusammenhänge zu erfassen und zu bilden. Sie ist, was zusammenfassendes Denken anbelangt, etwas begriffsstutzig und hält sich ans Detail und Kleindetail, dann ans Angelernte, Angelesene, Angehörte, ans rezeptive = reproduktive = imitative Denken, an die D, Dd, und sie produziert hohe Tierprozente (50 und 81) als Zeichen einer Neigung, routinemäßig und etwas schematisch zu denken. Dies tut sie insbesondere, wenn sie ermüdet ist (im Z 50 % T, im BERO aber 81 % T). Sie ist geistig relativ leicht ermüdbar, es zeigt sich dies ebenso durch die Zunahme des Vulgärprozentes (Z= 28 %, BERO = 31 %). Als

D-Dd-Typ, der doch noch vereinzelte B zustande bringt, muß Christine eher handarbeitlich begabt sein als theoretisch-abstraktiv, sie schenkt ihr Interesse dem Konkreten, Handgreiflichen, Sichtbaren, und sie steckt teilweise noch im „Märchendenken", worauf die Farbkonfabulation im Z und die Bkl hindeuten; sie hat Freude am Farbigen und Dekorativen, am Ausgestalten und Ausmalen von Märchenstoffen und hat die Stufe des realen und rationalen Denkens noch nicht ganz erreicht. Die kritische Ader und die, wenngleich eher nur leichte, Tendenz zum Trotz äußern sich durch die Zwischenform-Deutungen (im $Z = 3$, im BERO $= 1$).

Da in beiden Tests sich eine Neigung zum Umkehren der Sukzession zeigt, können wir schließen, daß Christine nur mit großer Vorsicht formuliert. Daraus erklären sich die etwas verlängerte durchschnittliche Reaktionszeit, das Unflüssige ihres Denkens und ihre Auffassungsschwierigkeiten.

Wir fragen uns, warum Christine dermaßen vorsichtig ist, und weshalb sie von Selbstzweifeln heimgesucht wird. Die beiden FbF geben darüber teilweise Auskunft. Sie sprechen von einer starken Sensibilität und Sensitivität — wir fanden diese Tatbestände ja bereits im Baum. Sensible — es ist dies allgemein so — ertragen vor allem — und insbesondere wenn sie noch Kinder sind — die „Blamage", den Spott, den Sarkasmus, die Ironie nicht. Sie fürchten sich davor in Form von depressiven Erwartungsvorstellungen. In der Schule vermeiden sie, sich beim mündlichen Unterricht zu melden. Lieber sagen sie nichts, als zu riskieren, etwas Falsches zu äußern, das ihnen eine „blamierende" Bemerkung des Lehrers oder der Kameraden eintragen könnte.

Hinzu kommt bei Christine, daß sie außerordentlich stark autoritätsgläubig und autoritätsscheu, überhaupt scheu ist — man beachte die 5 Do im Z und die 2 Do im BERO. Diese sind Kennzeichen für die oben genannten Verhaltensweisen bzw. Eigenschaften. Auch die beiden überhöhten M%e sprechen dafür, daß Christine in ihren Leistungen überstark von ihrem Zuwendungsverhältnis den Mitmenschen gegenüber abhängig ist: wo sie sich geliebt fühlt, wo sie vertrauen kann, vermag sie mehr zu leisten, und umgekehrt da, wo sie mißtraut und sich nicht „ästimiert" fühlt, wo sie mehr nur negativ kritisiert wird.

Es wäre möglich, daß Christinens Lehrer in dieser Beziehung Fehler beging und begeht — daß er das Mädchen mit herabsetzenden Bemerkungen „aufklepfen" möchte, es jedoch nur kränkt. Denn in beiden Tests kommen Zw als Indikatoren oppositioneller Regungen vor, andernteils HdF als solche der Depression — von Depressionen, aus denen sich ihre Trägerin nicht oder nur mit großer Mühe wieder auffangen kann.

Auffallend ist, daß im Z 3 Zw vorkommen, im BERO nur noch ein einziges. Es bedeutet dies: Christine stand zuerst — der Z wurde vor dem BERO durchgeführt — in einer Art Prüfungs- und Examensituation, sie betrachtete den Tester als „Lehrer", übertrug auf ihn die Gefühle, die sie ihrem Lehrer entgegenbringt, und betrachtete ihn, den Tester, mit Mißtrauen, den Test als eine Schulaufgabe. Dann merkte sie, es sei alles nur halb so „gefährlich", faßte Zutrauen und gab darum ihre oppositionellen Regungen weitgehend auf. Immerhin blieb sie vorsichtig (die Sukzession im BERO bleibt wie im Z umgekehrt, die Reaktionszeit bleibt wie im Z zögernd, verlängert).

Uneingestandenermaßen (ich fragte Christine vorsichtig darüber aus) hat das Mädchen einen Schulverleider. Es will ihn vor sich selber wie nach außenhin nicht wahr haben, weil es ihn in seinem starken Autoritätsglauben ablehnt. Der Schulverleider ist für es, das sich mißtrauisch selber beobachtet (siehe die zwei Augen-Deutungen im Z), „verboten". Darum bleibt er latent, wird Christine nicht bewußt. Er ist „verdrängt".

Daß Christine an neurotischen Verdrängungen leidet, zeigt sich in den beiden Rotschocks, und da der Erlebnistypus in beiden Tests extratensiv ist, darf man auf hysteroide oder psychosomatische Konversionssymptome schließen, so die Kopfschmerzen- und die Brech-Anfälle. Es liegt die Vermutung nahe, Christine leide u. a.

an einer *neurotisch begründeten Pseudodebilität*. Sie könne ihre eher vorzügliche Intelligenzanlage nicht entfalten, realisieren.

Christine wurde an einem schulfreien Mittwochnachmittag getestet, und am Samstagnachmittag darauf kam ihre Mutter zu mir. Es konnten anamnestische Erhebungen gepflogen werden.

Christines Geburt vollzog sich „normal". Die Kleine wurde fast ein ganzes Jahr lang brustgenährt und wies anläßlich der Entwöhnung keine Magen-Darmstörungen (Brechdurchfall) auf, gedieh gut und war das „Sonnenscheinchen" in der Familie. Sie war ein gesundes Kind und mußte sich nie einer Operation unterziehen. Die Kleine ging mit 14 Monaten, sprach schon recht früh, zahnte zur richtigen Zeit, machte mit 6—7 Jahren den Zahnwechsel durch. Christine vertrug sich mit ihren Geschwistern gut, sie waren ihr zugetan. Ganz besonders heiß liebte sie ihren Vater, der zu den Kindern ein inniges Verhältnis hatte und sie in seiner Freizeit auf Spaziergänge führte, so in das mit Bäumen, Büschen, Teichen versehene Ufergebiet der nahen Aare, wo er seinen Nachwuchs besonders auf die Pflanzen- und Tierwelt aufmerksam machte, mit ihnen Laufspiele im Freien veranstaltete. Christine verlangte immer nach Ausflügen. Dagegen wurden Spiele in der elterlichen Wohnung etwas vernachlässigt. Früh wurde die Kleine, wie alle ihre Geschwister, zu Hilfeleistungen im Haushalt angehalten, wobei häufig gesungen wurde. Das „Klima" in der Familie war herzlich, warm.

Der Vater war gutbezahlter Materialchef in einem Baugeschäft. Die Mutter, einst Verkäuferin, gab ihre Stelle auf, als ihr erstes Kind anrückte, um sich seiner Pflege zu widmen. Als Christine ihr zweites Schuljahr beendet hatte, verstarb der Vater plötzlich an einem Herzschlag. Als die ganze Familie beisammen war, mitten beim Essen, an einem Föhntage, sank er vom Stuhl und war tot.

Die Witwe zog dann mit den Kindern in ein benachbartes Dorf und nahm die Laborantinnenstelle in einer kleinen chemischen Fabrik an, die ein Schulfreund ihres verstorbenen Gatten führte.

Es mache den Anschein, erklärt die Mutter G., daß Christine den Schock, den sie durch das Hinscheiden ihres Vaters erlebt hatte, nicht überwinden konnte. Sie wandelte sich; früher ein unbeschwertes, frohmütiges Kind, wurde sie zu einem ernsten Persönchen, und wenn das Wort „Vater" komme, breche sie in Tränen aus. Neben den Kopfschmerzen und den Brechanfällen klage sie auch gelegentlich über Rückenschmerzen; der Arzt sage, es sei dies eine Wachstumserscheinung — Christine ist seit anderthalb Jahren stark in die Länge geschossen.

Zum Todesfall kam noch der Schulwechsel hinzu. Christine kam von der sehr geliebten und hochgeschätzten ersten Lehrerin weg und zu einem Lehrer in die Schule. Die Kinder sagten ihr, dieser sei „böse". Die Kleine hat Angst vor ihm, behauptet aber, er sei „gerecht" und sie habe ihn gern, obwohl er „streng" sei. Sie schätzt besonders den Turnunterricht, den Sprachunterricht und vor allem das Handarbeiten. Ungern hat sie das Zifferrechnen. In ihrer Freizeit strickt sie gern, besorgt Hausarbeiten, macht zusätzliche Schulaufgaben oder spielt mit Puppen.

Wir können uns nun in Christine einfühlen. Sie leidet, wie bereits festgestellt, an einer *Pseudodebilität auf neurotischer Grundlage*, die durch den traumatisch wirkenden Schock ausgelöst wurde, als der Unglücksfall am Familientisch sich ereignete. Daß sie regrediert, ist ja auch dadurch ersichtlich, daß sie zu Hause das infantile Reden wiederaufgenommen hat. Dahingegen sind die Puppenspiele kaum ein Regressionszeichen, sie entsprechen eher einem Nachholbedarf: zu Lebzeiten des Vaters ging Christine lieber mit ihm spazieren und erfreute sich an Laufspielen, als daß sie sich mit Puppen beschäftigte.

Sie hat nicht eine Versetzung in die Hilfsschulklasse oder Klassenrepetition nötig; diese würde das Mädchen nicht fördern. Was sie dringend nötig hat, ist eine Kinderpsychotherapie.

Eine solche wurde durch eine Therapeutin durchgeführt. Sie hatte Erfolg: nach dem 5. Schuljahr, als Zwölfjährige, bestand Christine das Examen in die Sekundarschule. Das Mädchen befindet sich jetzt im 7. Schuljahr und rangiert im ersten Drittel der Klasse.

Der Fall Christine G. darf als typisches, fast möchte ich sagen „klassisches" Beispiel einer traumatisch begründeten Pseudodebilität betrachtet werden, die auf dem Wege einer testpsychologischen Untersuchung als solche erkannt und durch eine psychotherapeutische Kur zum Verschwinden gebracht werden konnte.

Auch die Kopfschmerzen, Brechanfälle und Rückenschmerzen zeigten sich nicht weiter.

Es wäre nun noch kurz die Frage zu besprechen, warum der Baum-Test mit den anderen der angewendeten „Test-Batterie" (Heiss) differiert. Der Baum sieht, wie erwähnt, genau wie der einer wirklichen Debilen aus, die übrigen Tests aber zeigen unzweifelhaft deutlich, daß es sich bei Christine G. nicht um eine Schwachbegabte handeln kann.

Aus einer langjährigen Erfahrung glaube ich sagen zu dürfen, daß der Baum-Test mehr das manifeste, aktuelle Bild einer Versuchsperson zum Ausdruck bringt, die übrigen verwendeten Tests mehr das hintergründige, dem Bewußtsein abgeblendete Zustandsbild.

Damit ist nichts gegen den Baum-Test gesagt. Ich betrachte ihn als äußerst wertvoll und ausgiebig und brauche ihn darum bei Expertisen regelmäßig, möchte ihn keinesfalls missen.

Er eignet sich außerdem darum sehr gut, um eine Test-Prüfung zu beginnen, weil er dem Probanden „harmlos" erscheint und ihn, vorbereitend für die anderen Tests der „Batterie", aus seiner eventuellen Prüfungssituation herausbringt, ihn unbefangener macht.

VIERTES KAPITEL

Formen von Kinderängsten

Wie im ersten Kapitel ausgeführt wurde, wissen wir nur ungenau und unsicher, woher die Angst kommt und wie sie entsteht. Wir stützen uns auf Theorien, die sich die Forscher und Philosophen entwickelten.

Dagegen wissen wir bestimmt, was die Angst für einen Zweck hat: sie signalisiert eine Gefahr. Entweder handelt es sich um eine reale, dann sprechen wir von Realangst oder Furcht — oder die Angst entspricht inneren Phantasien, archetypischen Überresten, oder Triebgefahren; solche Ängste sind „eigentliche" Ängste und haben neurotiformen Charakter.

Wenn der sechsjährige Franz sich davor fürchtet, allein über die sehr stark von Wagen befahrene Straße vor dem Hause zu gehen, wo er zu etlichen Malen Zusammenstöße mitangesehen hat — Mutter und Vater haben ihn auch entsprechend gewarnt —, dann ist er von *Realangst* erfaßt.

Wenn dagegen die siebzehnjährige Bertha nicht imstande ist, unbegleitet über Straßen zu gehen — sie fällt vor der Haustür sofort halb oder ganz ohnmächtig zusammen, falls sie es versucht — dann ist das junge Mädchen von *neurotischer Straßenangst* befallen. — Eine psychotherapeutische Behandlung Berthas brachte ans Tageslicht, daß die Siebzehnjährige hintergründig, ihr selber unbewußt, Sexualregungen vom Gewissen her abzuwehren hatte. Sie ängstigte sich, „auf die Straße zu gehen" und dort moralisch zu „fallen". Ihre Straßenangst entsprach einer Triebwunsch-Abwehr, der Abwehr sexueller Phantasien, die anläßlich der Behandlung auf dem Wege von Träumen deutlich wurden. Nachdem sie bewußtgemacht, dem Gewissen und Bewußten zur Verarbeitung übergeben wurden, verschwand die Straßenangst Berthas. Jetzt konnte sie unbehelligt wie andere gleichaltrige Mädchen durch Straßen gehen.

Kein Mensch kann in der Angst leben. Er sucht sie zu bekämpfen, zu überwinden, sich durch bestimmte Maßnahmen vor ihr zu schützen.

Das kleinere Kind tut es sehr häufig dadurch, daß es seine ursprünglich „diffuse" (= uneinheitliche, unbegründete) Angst *an ein Objekt heftet.*

Es ängstigt sich beispielsweise vor Kühen, oder vor dunklen Räumen wie dem Keller oder Dachboden. Sobald es einem Kinde gelingt, seine Angst auf die geschilderte Art an ein Objekt zu fixieren, bedeutet dies bereits einen beachtenswerten Fortschritt seiner Angstbearbeitung, Angstbekämpfung. Denn jetzt braucht es das Angstobjekt nur zu umgehen, zu vermeiden, um angstfrei zu sein. Es begibt sich nicht an Stellen, in Ställe oder Weiden, wo es Kühe vermutet oder wo wirklich solche vorhanden sind, es weigert sich, den Dachboden oder Keller aufzusuchen.

Manche kindliche Phobien, Kinderängste, verschwinden mit zunehmendem Alter von selber wieder, dies ist eine Erfahrungstatsache.

Andere jedoch können weiterbestehen. Es geschieht dies insbesondere dann, *wenn die Mutter, die Eltern ängstlich sind.* Wenn eine (zwangsneurotische) Mutter ihr Kind beständig vor dem Schmutze warnt, der Krankheitskeime, gefährliche Bazillen enthalte, es anhält, sich immer wieder die Hände zu waschen, darf sie sich nicht darüber wundern, daß es sich eine dauernde „Bazillenangst" erwirbt. — Wenn die Mutter ihrem Söhnchen droht: „Warte nur, bis du zur Schule gehen mußt! Die Lehrerin wird dann gewiß mit dir fertig, du Lauser. Sie wird dich züchtigen, bis du gehorchst!" usw., darf sie nicht erstaunt darüber sein, daß ihr Tommi von Schulangst befallen wird und schon bald einen richtigen „Schulverleider" entwickelt, selbst wenn die Lehrerin milde, verständig und kinderlieb ist. — Wenn die Mutter überall Gefahren für ihr Kind sieht, es könnte sich verletzen oder sich anderswie gesundheitlich gefährden, wird es ihre Haltung „erben" und ein allgemein ängstlicher Mensch werden. Denn *Angst wirkt ansteckend* wie Schnupfen.

Es sei dargestellt, wie ein Kind eine Hunde-Phobie überwand.

In den zwanziger Jahren unseres Jahrhunderts hatte ich Gelegenheit, während eines längeren Zeitabschnittes ein kleines, etwa vierjähriges Mädelchen zu beobachten, das an einer *Hundeangst* litt. Es hieß Elisabeth und war das mittlere Kind neben einem um zwei Jahre älteren Bruder und einem zweijährigen Schwesterchen. Elisabeth war ein sehr phantasievolles und erfinderisches Kind.

Nie hatte ihr ein Hund etwas zuleide getan. Trotzdem hatte sie panische Angst vor Hunden. Dagegen liebte sie Katzen, obwohl solche sie mitunter blutig gekratzt oder gebissen hatten. Pferden reichte sie in der flachen Hand Zuckerstücke oder Brot, ohne im geringsten Angst zu haben, und Kälber oder Kühe lockte sie zu sich, indem sie ihnen abgerupfte Löwenzahnblätter reichte. Eidechsen fing sie und setzte sie sich auf die Kleider, und es machte ihr auch nichts aus, eine Blindschleiche in die Händchen zu nehmen. Ebenso erschreckten Mäuschen sie nicht.

Elisabeth war das Töchterchen einer Beamtenfamilie, die ein Eigenhäuschen mit Umschwung besaß, ein Wald war ganz nahe. Oft besuchte sie ihn, um ganz allein oder im Verband mit ihren Geschwistern und Nachbarskindern ungescheut, furchtlos an einem Reservoirüberlauf zu spielen, Seen und Abflüsse zu bauen. Vor der Dunkelheit und vor Gewittern fürchtete sie sich nicht. Sie ging ohne weiteres in den dunklen Keller, um eine Flasche Apfelsaft in die Küche zu holen, oder in den „Estrich" (Dachboden) hinauf, um dort im Gerümpel etwas zu entdecken, mit dem sie spielen konnte. Elisabeth war durchaus kein ängstliches Kind, und sie war meist fröhlicher Laune. Um so verwunderlicher mutete einen ihre Hundephobie an.

Die Eltern Elisabeths suchten ihr Töchterchen zu beruhigen. Sie erklärten der intelligenten Kleinen, sie brauche sich vor Hunden nicht zu ängstigen, sie zeigten ihr es vor, indem sie Hunde streichelten. Doch hatten sie damit keinen Erfolg.

„Es könnte halt doch einer von ihnen böse sein!" erklärte die Kleine mit halb zugekniffenen Augen, mißtrauisch.

Und dann fing sie an, *mit ihrer Phobie zu spielen.*

„Der Markstein (= Grenzstein) dort, Papi, ist ein Hund. Gib mir die Hand, damit er mich nicht *frißt. —* Vor dir hat er Angst, dir tut er nichts. Und wenn er dir nichts tut, darf er auch mich nicht fressen, wenn ich an deiner Hand gehe!"

Elisabeth spottete über den in seiner Macht eingeschränkten „Hund" (den Markstein), rief ihm höhnisch zu, er solle sich doch nähern, wenn er es wage, und sie freute sich darüber, daß er ruhig am selben Plätzchen sitzen blieb. „Da siehst du, was für einen starken Papi ich hab! Der würde dich grad totschlagen, wenn du kämest, um mich zu beißen!"

Einmal kam Elisabeth von der Bahnstation her dem höher gelegenen Dorf zugeschritten. Ihre Mutter führte sie an der rechten Hand. Seitab rechts befand sich in etwa hundert Metern Entfernung am Hang ein Bauernhaus. Davor entdeckte die Kleine einen mittelgroßen Berner Sennenhund, einen Hüterhund. Sofort begab sich Elisabeth auf die andere Seite der Mutter, kuschelte sich eng an sie heran.

„Hast du den Hund gesehen?" erkundigte sich flüsternd das Mädelchen.

„Aha!" erwiderte die Mutter lächelnd. „Darum bist du auf meine andere Seite gekommen!" Dann fügte sie bei: „Der Hund ist ja angekettet, hast du es nicht gesehen?"

„Er könnte die Kette zerreißen!"

„Dann aber würde er dich finden, obwohl du dich neben mir verbirgst!"

„Hier kann er mich ja nicht sehen! — Und, weißt du, er würde dann zuerst dich fressen — und nachher hätte er genug, ließe mich in Ruhe!"

Die Mutter, der die Freudschen Lehren bekannt waren, mußte lächeln. Es fiel ihr ein, daß Mädchen ihren Müttern gegenüber oft zwiespältige Gefühle hegen, zugleich solche der Liebe und solche der Ablehnung, und daß Töchter während ihrer Entwicklung zur Erwachsenheit nicht so gar selten auf ihre Mütter des Vaters wegen eifersüchtig sind. Sie möchten die Zuwendung des Vaters nicht mit der Mutter teilen. (Die Tiefenpsychologie spricht in solchen Fällen von einem „weiblichen Ödipuskomplex".)

Elisabeths Mutter wollte ihre Kleine necken. „Wenn der Hund mich frißt — wer kocht dann zu Hause das Essen, wer räumt die Wohnung auf, wer putzt Papis Kleider und Schuhe, wer besorgt dann den Garten? fragte sie Elisabeth.

Diese schnitt ein spöttisches Mäulchen, schüttelte den Kopf. „Oh, das kann auch ich sehr wohl tun. Weiß ich doch, wie man Kaffee und Tee zubereitet, und eine Mittagssuppe könnte ich auch kochen. Oder Papi und ich könnten in einem Wirtshaus speisen. — Und bei ihm im Bett schlafen, das könnte ich ebensogut wie du, damit er schön warm hat in der Nacht! — Du bist gar nicht so nötig, wie du glaubst!"

Damit war die Vermutung, Elisabeth empfinde zwiespältige, ambivalente Gefühle der Mutter gegenüber, bestätigt.

„Siehst du", sprach die Mutter, „inzwischen sind wir am Hofhund droben vorbeigekommen, und er hat sich nicht einmal geregt. Da hast du, wieder einmal, erfahren, daß du dich vor Hunden umsonst ängstigst. Ich tue es gar nicht, und Papi tut es auch nicht. Du könntest doch uns beide zum Vorbild nehmen, wie?"

Elisabeth schüttelte energisch das Köpfchen. „Es *gibt* halt böse Hunde!" schnitt sie das Gespräch ab.

Wenn die Kleine zu irgendeinem Botengang, etwa in die nahe Käserei, ausgehen mußte, machte sie einen Umweg. Denn ein Nachbar besaß einen Bernhardinerhund, „Bäri" genannt, ein großes, zottiges Tier, das meist vor dem Hause lag und döste. Es war lammfromm, und wenn Bekannte vorüberkamen, erhob es sich und wedelte, rief gelegentlich mit freundlich tönendem Bellen, freute sich, wenn man hinging und es liebkoste. Keinesfalls wäre ihm eingefallen, einem Kinde etwas anzutun. Oft spielte es mit den Bauernkindern. Aber Elisabeth mißtraute ihm.

Auf einmal fand sie Gefallen daran, mit ihrem Papa „Hund" zu spielen. Er mußte die Rolle eines Hundes übernehmen, bellen, knurren und nach dem Mädelchen schnappen. Elisabeth wich ihm dabei geschickt aus, oder, je nach Lust und Laune, ließ sich kreischend von ihm fassen und durch die Luft schwingen. Manchmal mußte sie der Vater ein wenig beißen, kneifen, und dann schrie sie halb belustigt, halb schreckhaft auf. Mit solchen Spielen war sie unersättlich. Wenn der Vater von seiner Arbeit heimkam, verlangte Elisabeth alsogleich nach ihnen, sehr oft auch nach dem Abendessen, um das Zubettgehen hinauszuzögern. Sie zogen sich über Wochen hin — und dann wurden sie umgeändert: Elisabeth war jetzt der „Hund", der bellte und knurrte und darauf ausging, die Eltern zu beißen, gar auch ihr bekannte, befreundete Besucher.

Sie wollte jetzt auch nicht mehr am Familientische essen. Sie verlangte, daß man ihr die Geschirre mit ihren Speisen unter den Tisch stelle, sie knurrte und bellte, bis man dies tat.

Die Eltern sprachen über das neue „Mödelchen" Elisabeth. Sie begehrten, die Weiterentwicklung, den Ablauf beobachten zu können, und gingen darum auf das „Experiment" ein, ließen ihr Töchterchen gewähren, verschonten es mit Tadel und Vorhaltungen, Belehrungen über Anstand, blieben freundlich, schritten nicht erzieherisch ein, setzten keine Verbote.

Elisabeth setzt sich selber bestimmte Grenzen. Als eine Tante auf Besuch kam, erklärte ihr die Kleine: „Weißt du, ich bin ein Hund, heiße Tiro, und es geziemt sich nicht, daß der Tiro in der Eßstube frißt, wenn Besuch da ist. Er tut es draußen in der Küche."

Wenn Elisabeth unterm Tische speiste und ihren Teller geleert hatte, kam es oft vor, daß sie bellte, knurrte und diesen oder jenen Elternteil sanfter oder heftiger biß. Dann sagten Vater oder Mutter, je nachdem, zueinander: „Unser Tiro hat noch gewaltigen Hunger — was müssen wir ihm wohl reichen, damit er uns in Ruhe läßt?"

Tiro gab seine Speisewünsche bekannt, und man reichte ihm, was er verlangte. „Siehst du", sprach dann der Vater, „wenn man Tiro etwas zu fressen gibt, beißt er uns nicht!"

Elisabeth hatte öfters mitansehen können, wie der Vater oder die Mutter dem Bernhardiner „Bäri" im Nachbarhause Speisereste oder Knochen schenkten, und wie das Tier dann freundlich tat, wedelte, sich räkelte.

Nun fing die Kleine an, von ihren eigenen Speisen etwas für den „gefährlichen" Nachbarhund aufzusparen. Das Vorbild der Eltern hatte als Suggestion gewirkt. „Wenn man dem Bäri etwas Gutes gibt", erklärte Elisabeth, „dann ist er vergnügt, zufrieden und läßt einen in Ruhe. Ich, der Tiro, mache es mit euch ja ebenso!"

Vater oder Mutter mußten „Bäri" die Speise-Opfer Elisabeths zuwerfen oder reichen, und die Kleine war sehr daran interessiert, aus der Ferne zuzusehen. Später wagte sie, näher an das Tier heranzugehen, hielt sich aber regelmäßig auf der dem Hunde abgewendeten Seite ihrer Eltern, denen sie zur Sicherheit die Hand gab.

Noch später — angeblich darum, weil Vater oder Mutter diesmal keine Zeit dazu fanden, ihr Töchterchen zum „Bäri" zu begleiten — kam Elisabeth dazu, dem Hunde selber Speisen zuzuwerfen. Es geschah dies zuerst aus vorsichtiger Distanz. Sie wurde je länger, desto geringer, und schließlich begab sich die Kleine so nahe an das Tier hinan, daß es ihr aus der Hand fressen konnte.

Als Elisabeth so weit gekommen war, hörten sie zu Hause die Hundespiele, die so lange angedauert hatten, plötzlich auf. Elisabeth speiste wiederum mit den anderen am Tisch, bellte, knurrte und biß nicht mehr. Sie beschränkte sich nur noch darauf, sich um den „Bäri" zu bekümmern, von ihm zu reden, über ihn Geschichten zu erzählen, die sie frei erfand. Selbst ihre Lieblingsspeisen, und immer mehr davon, sparte sie für den Hund auf, augenscheinlich reute sie dies nicht. Sie freundete sich heftig mit dem „Bäri" an, benutzte jede Gelegenheit, in seine Nähe zu kommen, und eines Tages, als die Mutter ihr Töchterchen suchte, lag es neben dem Tier im Hundehäuschen. „Wir geben einander schön warm!" verkündigte Elisabeth.

„Der Fratz kümmert sich nur noch um den ‚Bäri'; die Geschwister, uns Eltern, ihre Puppen, ihr Spielzeug vernachlässigt sie!" beklagte sich die Mutter bei ihrem Gatten. „Ob es nicht richtiger wäre, wenn wir ein wenig bremsten?"

„Ich schlüge vor, Elisabeth vorläufig gewähren zu lassen", gab der Vater zur Antwort. „Schau, ich vermute, die heiße Liebe des Kindes dem ‚Bäri' gegenüber flaut mit der Zeit von selber wieder ab; gleich wie einst das Hundespiel wird es sich zu tode laufen. Laß uns das ‚Experiment' mit Elisabeth zu Ende führen, schauen, was draus wird!"

„Du könntest recht haben", erwiderte die Frau. „Ich habe festgestellt, daß die Kleine vor Hunden jetzt doch weniger Angst hat als ehedem. Vielleicht verliert sie ihre Hundeangst noch ganz. — Und die heiße Liebe zu ‚Bäri' könnte nur eine Episode, eine Phase in der Entwicklung Elisabeths bedeuten!"

Die Vermutung bestätigte sich. Elisabeth fing an, immer stärker mit ihrem älteren Brüderchen Fußball zu spielen, oder sie fuhr mit dem jüngeren Schwesterchen zusammen auf einem Rollerchen, das diese von einer Patin geschenkt bekommen hatte.

„Möchtest du auch gern ein eigenes solches Ding haben?" fragte sie der Vater. „Oh ja, aber noch lieber, weißt du, hätte ich einen eigenen Hund, und er müßte ‚Tiro' heißen!"

Auf ihr nächstes Geburtsagsfest hin schafften ihr die Eltern einen jungen Hund an. Er wuchs gleichsam „mit ihr zusammen" groß.

„Er behütet mich!" gab die Kleine bekannt. „Und er hütet auch Mejeli!" (= Marianne. So hieß das Schwesterchen.)

Und fast von einem Tag auf den anderen schloß Elisabeth mit allen Hunden im Umkreis Freundschaft, näherte sich mit lockenden Worten jedem, um ihn zu streicheln und ihm die Flanken zu tätscheln.

Die Hundephobie war gänzlich verschwunden. Auf dem Wege der entsprechenden Spiele mit den Eltern, der Gewöhnung an den „Bäri" und dann an den „Tiro" hatte sich Elisabeths Hundeangst aufgelöst.

Die Phobie hatte ungefähr ein Jahr lang angedauert. Elisabeth hatte nie einen Rückfall. Aus ihr ist eine tüchtige Hausfrau und Mutter einer ansehnlichen Kinderschar geworden, eine gesunde, frohmütige und zuversichtliche Erwachsene. — Darauf sei darum verwiesen, weil viele Mädchen, die ihre Kinderängste nie gänzlich loswerden, später ängstliche Mütter werden, die für ihre Kinder überall Gefahren sehen und deshalb ihre Nachkommenschaft, ohne es zu beabsichtigen, zu angsthaften Erwachsenen heranziehen.

Laßt uns nun all das, was wir von Elisabeths Hundephobie vernommen haben, nochmals kurz überblicken, um ein paar allgemeingültige Schlüsse daraus zu ziehen.

Zunächst sehen wir die heilenden Kräfte des freierfundenen Kinderspieles [1].

Elisabeth hat sich den Hund als Angsttier ausgewählt. Warum es im einen Falle der Hund, in einem anderen ein anderes Tier ist, weiß niemand mit Sicherheit auszusagen.

Elisabeth braucht jetzt nur noch die Nähe der Hunde zu meiden, zu umgehen, um angstfrei leben zu können, und sie tut es auch. Sie macht Umwege, wenn ihr bekannt ist, sie könnte unterwegs einen Hund antreffen, oder sie versteckt sich vor solchen: erinnern wir uns der Szene, da die Kleine zusammen mit ihrer Mutter von der Bahnstation her kommt. Sie will den Hofhund nicht sehen, und er soll sie nicht erblicken können, darum geht sie auf die dem Tiere abgewendete Seite ihrer Mutter.

Die Eltern dienen den kleinen Phobikern als Schutzmächte, so war es auch bei Elisabeth.

Diese fürchtet sich, wie sie selber aussagt, darum vor Hunden, weil

---

[1] H. Zulliger, Heilende Kräfte im kindlichen Spiel, Stuttgart 4. A. 1963.

sie glaubt, sie könnte von ihnen (auch die Mutter) „gefressen" werden.

Man könnte theoretisch die Vermutung aussprechen, Elisabeth leide hintergründig an oralen Schuldgefühlen und Wiedervergeltungsphantasien. Diese könnten auf die Säuglingszeit zurückgehen, jene Zeit, da die Neugeborenen die „Mutter essen" (Kinder äußern sich mitunter entsprechend). In den Psychoanalysen Erwachsener trifft man manchmal auf solche Zusammenhänge. — Wir wollen aber nicht vage Vermutungen aufstellen, uns lieber wieder mit der realen Elisabeth beschäftigen. Sie ist nicht einer psychoanalytischen Kur unterzogen worden.

Ihre Phobie verarbeitet sie mit Spielen. Zunächst versetzt sie ihren Vater in die Rolle des Beschützers. (Vorher hat sie dies bereits mit der Mutter getan — auf dem Heimweg von der Bahnstation — und dabei ihre Gefühlsambivalenz geäußert: „Und weißt du, er würde dann zuerst dich fressen, und nachher hätte er genug, ließe mich in Ruhe! ..." usw.) Ein Markstein wird als gefährlicher Hund phantasiert, der Vater hält Elisabeth an der Hand, der „Hund" wagt nicht, sich zu nähern, die Kleine ist vor ihm geschützt, sicher.

In einer folgenden Spielphase ist der Vater der „Hund". Elisabeth veranlaßt ihn zu knurren, zu bellen, sie leicht zu beißen, sie durch die Luft zu schwingen. Zugleich wird das Phobietier verniedlicht; Elisabeth weiß wohl, daß ihr der Vater („Hund") nichts zuleide tut.

Das Spiel entwickelt sich weiter, wird abgeändert. Elisabeth ist jetzt selber der „Hund", verhält sich entsprechend. Sie bellt, knurrt, will ihr Essen wie ein Hund auf dem Boden empfangen. Sie identifiziert sich mit dem „Hund" (= setzt sich in ihrer Phantasie dem Hunde gleich), und dies ist ein weiterer Schritt ihrer Angstverarbeitung; vor etwas, das man selber „ist", hat man keine oder doch weniger Angst als vor etwas ganz Fremdem.

Trotzdem bleibt der „Hund" für Elisabeth ein gefährliches Tier; noch fürchtet sie sich vor dem braven „Bäri" im Nachbarhause. Dann aber merkt sie allmählich, was sie unternehmen muß, um ihn sich gegenüber freundlich zu stimmen. In Form eines oralen *Opfers* spendet sie „Bäri" Speisereste und Knochen von zu Hause, gar in reichlichem Maße von ihren Lieblingsspeisen. — Sie leistet einen oralen Verzicht.

Die Kenner der kindlichen Seele wissen, was für die Kleinen ein „Opfer" bedeutet. Kinder betrachten ihren *Besitz als Teile von sich selber.* Wenn Elisabeth von ihren Speisen, gar von ihren Lieblingsspeisen, dem Nachbarhund anbietet, heißt dies, in die Sprache der Erwachsenen übersetzt: „Da, friß mich (symbolisch — pars pro toto), aber zahle es mir zurück, indem du mich in Ruhe lässest und mir gegenüber eine freundschaftliche Gesinnung, Haltung einnimmst! — Nimm einen Teil meines Selbst anstelle von mir als Ganzem entgegen, aber laß mich als Ganzes bestehen!" Selbstverständlich „denkt" ein Kind nicht so, aber in seiner emotionalen Sphäre empfindet es so.

Jetzt gelingt es Elisabeth in ihrer abgeänderten Hundespielphase, sich völlig mit dem „Bäri" zu identifizieren, ihn als ihresgleichen, sich als seinesgleichen zu betrachten und sich darum mit ihm immer inniger anzufreunden — und schließlich begibt sie sich Leib an Leib zu ihm ins Hundehäuschen.

„Wir geben einander warm!" erklärt die Kleine. So beiläufig dieser Ausspruch getan wird, darf er uns doch gewichtig erscheinen. Denn Elisabeth hat schon vorher einmal einen ähnlichen getan, damals, als sie mit ihrer Mutter ein Gespräch darüber führte, was geschehen würde, falls der Hofhund auf dem Wege von der Bahnstation die Mutter auffräße, und sie nicht mehr kochen, putzen, den Garten besorgen könnte. „Bei ihm (dem Papi) im Bett liegen, das könnte ich ebensogut wie du, damit er schön warm hat in der Nacht!" sagte das Töchterchen, obwohl es von seiner Mutter nicht auf diese Funktion der Frau hingewiesen wurde. Das „beim Vater im Bett liegen" und einander warm geben muß demnach für Elisabeth von besonderer Bedeutung sein, nämlich die hautnahen innigen Gefühle für ein geliebtes Objekt darstellen und hauterotische Wünsche absättigen.

Am Beispiel Elisabeth konnten wir die *Wandlung einer infantilen Hundeangst in Hundefreundschaft* verfolgen und zusehen, wie eine Phobie auf dem Wege des Spiels und der Identifikation aufgelöst wurde.

Daß die Eltern ihrem Töchterchen zuletzt einen Hund anschafften, gehört mit zum Spiele. Der Hund wird nicht von ungefähr auf den Namen „Tiro" getauft: so hieß doch eine Zeitlang Elisabeth selber, sie nannte sich so, und sie wünschte, der „eigene Hund" solle so heißen. Er ist mehr als nur ein Spielkamerad und Haustier, er ist Elisabeth selber, die Verdoppelung ihres Ichs.

Eine Kinderphobie verschwindet, falls es dem Kinde gelingt, sich mit dem Phobie-Objekt seelisch gleichzusetzen.

Weshalb kauften Elisabeths Eltern ihrem Töchterchen keinen erwachsenen, großen Hund?

Man kann regelmäßig die Beobachtung machen, daß Kinder sich mit Haustier*jungen* leichter anfreunden als mit vollausgewachsenen Tieren. Sie können sich leichter mit ihnen identifizieren, weil sie noch niedlich sind.

Oft habe ich Eltern, die ängstliche Kinder besaßen, geraten, sie sollten ihnen ein Hündchen, ein Kätzchen anschaffen, oder entsprechende Stofftierchen, den Kindern bedeuten, „ihr" Tierchen beschütze sie. Folgte man dem Ratschlag, ergab sich daraus meist ein voller Erfolg. Oft riet ich, gerade jenes Tierjunge anzuschaffen, dessen erwachsene Vertreter den kleinen Phobiker ängstigten. Wurde das Tierjunge dann zusammen mit dem Menschenkinde groß, verflüchtigte sich die Phobie.

Beispiel: Bauersleute klagten über ihr erstes Töchterchen, es habe furchtbare Angst vor den Enten im nachbarlichen Hofe. Der Kleinen wurde ein eben ausgeschlüpftes Entenpärchen geschenkt — sie sah zu, wie es aus den Eierschalen schlüpfte. Das dreieinhalbjährige Mädelchen freute sich herzlich an den beiden Entenküken, wurde ihnen ein besorgtes Mütterchen, spielte mit ihnen, und nachdem sie groß geworden, hatte es weder von ihnen noch vor anderen Enten Angst.

Die folgende Aufstellung von Kinderängsten stammt aus Erlebnismaterial, das mir zur Verfügung steht. Ich habe es aus meinem Erfahrungskreis gesammelt. Darum beansprucht es keine allgemeingültige Bedeutung. Trotzdem mag es vielleicht interessieren, besonders zu Vergleichszwecken. Ich könnte mir vorstellen, daß die Kriegskinder-Generation z. B. eine beachtlich höhere Prozentzahl von Klaustrophoben (= Angst vor geschlossenen oder offenen Räumen) aufweisen würde usw.

Häufigste Kinderängste

400 Mädchen und 400 Knaben im Alter von 2 bis 18 Jahren, die meisten Kinder hatten zugleich mehr als nur eine Angst

Angst vor:	Mädchen	%	Knaben	%	total	%
Verlassenwerden von der Mutter, den Eltern, Complex d'abandon	205	51	305	76	510	63
fremden Leuten, „bösen Menschen"	540	85	296	74	836	80
Gespenstern, Geistern, Einbrechern	387	97	352	85	739	91
Autoritäten	312	80	390	85	702	82
Dunkelheit (Dachboden, Keller usw.)	213	54	177	44	390	49
Tieren (Hunde, Wölfe, Pferde, Kühe, Ziegenböcke, Widder, Schweine, Gänse, Ratten, Mäuse, Schlangen, Reptilien	390	98	380	95	770	96
offenen und geschlossenen Räumen	122	31	85	21	207	26
Wasser (Wasserscheu)	158	40	171	43	329	41
Schule, Examen, Klausuren	184	46	273	68	457	57
Blut, Menstruationsangst	356	89	234	58	590	73
Körperbeschädigungen, Kastrationsangst[2]	384	96	377	94	761	95
Angstträume, Pavor nocturnus	340	85	310	77	650	81
Abort	12	3	8	2	20	2
Straßen, Brücken, Plätzen	12	3	4	1	16	2
Gewittern	168	42	144	36	312	39

---

[2] Sozusagen *alle* Kinder, Knaben wie Mädchen, leiden unter Kastrationsangst und Kastrationsphantasien. Die Knaben, die ein weibliches Genitale gesehen haben, stellen sich vor, den Frauen bzw. Mädchen sei der Penis abgeschnitten worden, und sie befürchten, ihnen könnte das gleiche ge-

Nach meiner Erfahrung (gemäß dem Kreise, in dem ich lebe — dörfliche Gegend in der Nähe einer „mittleren" Stadt) zeigt sich bei unserem Nachwuchs erstmals die Angst, sobald die Kleinen zu „fremden" beginnen — also in den ersten Lebensmonaten —, und sie steigt bis zum 2. Lebensjahr etwas an. Sie sinkt dann bis zum 5. Lebensjahr, steigt bis zum 10. wiederum an, bleibt vom 10. bis 11. und 12. ungefähr auf dem gleichen Niveau, um dann steil zu steigen bis zum 15. und 16. Altersjahr. Während der ersten und zweiten Phase der Pubertät („Vorpubertät" und „eigentliche Pubertät") sind Angsterscheinungen besonders häufig und intensiv. Nachher klingen sie entweder wieder steil ab, oder sie nehmen in krankhafter Art im Sinne von Neurosen steil zu.

---

schehen. — Die Mädchen, die ein männliches Genitale gesehen haben, phantasieren, auch sie seien einst Knaben gewesen, aber ihnen habe man böswilligerweise die Genitalien verstümmelt. Sie beneiden die Knaben („Penisneid"), weil diese ihren Penis noch besitzen. — Oder sie erwarten, es würde ihnen ein Penis noch nachwachsen.
Die Kastrationsängste beruhen auf ererbten archaischen Erinnerungen (Archetypen) und sind spurenmäßig darauf begründet, daß die Knaben in der Urzeit der Menschheit und bei den „wildlebenden Völkern" noch heute an den Geschlechtsteilen wenigstens symbolisch verstümmelt wurden und werden, anläßlich der „Initiationsriten" werden sie „beschnitten". Bei den Stämmen auf Madagaskar wird ihnen ein Hoden rituell entfernt (siehe M. Zeller, Die Knabenweihen, Bern 1923; Frobenius, Und Afrika sprach ..., Berlin 1904; C. Weule, Wissenschaftliche Ergebnisse meiner ethnographischen Forschungsreise in den Südosten Deutsch-Ostafrikas, Berlin 1908; H. Ploss-B. Renz, Das Kind in Brauch und Sitte der Völker, Leipzig 1911), bei manchen Völkerschaften Melanesiens und Mikronesiens wird den reifgewordenen Knaben der Penis der Länge nach aufgeschnitten, usw.
Die Juden begründen die Beschneidung als körperhygienische Maßnahme.
Kastrationskomplex und Penisneid wurden zuerst von den Psychoanalytikern wissenschaftlich untersucht. Jede Mutter kann entsprechende Kinderphantasien und Kinderäußerungen bei ihren Kindern beobachten. Sie kommen dermaßen häufig vor, daß wir sie als „normal" bezeichnen müssen. Während des Realitätsalters werden sie vergessen, „verdrängt", als irreal betrachtet, doch können gefühlsmäßige Überreste davon bestehenbleiben — ihre Folgen sind häufig Potenzstörungen bei den Männern und Frigiditätserscheinungen bei den Frauen.

Man könnte dies graphisch so darstellen:

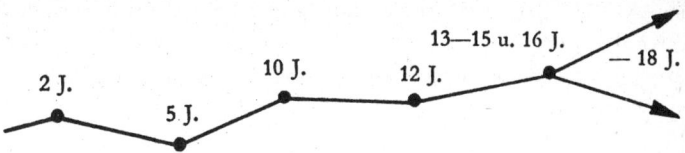

Wiederum sei gesagt: die Kurve müßte an weiterem Material aus anderen Gegenden und Lebensbedingungen nachgeprüft werden. Sie erhebt nicht den Anspruch auf Allgemeingültigkeit. — Ich könnte mir vorstellen, daß sie anderswie aussehen würde, wenn man Kinder aus Großstädten daraufhin beobachtete.

Trotzdem mögen die Zustammenstellung und die Kurve einen gewissen „Wert" haben; sie zeigen die Verhältnisse, wie sie in einer gemischten Gegend (Landwirtschaft und Industrie) bestehen — und vorläufig sind die meisten Gegenden in unseren westlichen Ländern noch „gemischte". Industrialisierte Großgemeinden sind noch Ausnahmen.

FÜNFTES KAPITEL

Körperbeschädigungs-Angst

Über den Kastrationskomplex und den Penisneid bei normalen Kindern

Im Laufe der letzten Jahrzehnte ist man ziemlich allgemein dahin gekommen, zu akzeptieren, daß auch das Kind schon eine Sexualität besitzt. Dies zu leugnen, wie es einst geschah, als Sigmund Freud darauf hinwies, geht nicht länger an, nachdem der Welt dafür die Augen geöffnet worden sind. Früher sah man die Tatbestände einfach nicht, weil man sie aus eigenen Verdrängungen zum vornherein für inexistent hielt. Das Kind galt als „rein, unschuldig und engelgleich", punktum, und wer an dieser Betrachtungsweise zweifelte, war suspekt; er hatte eine „verdorbene Phantasie" und beging beinahe ein Sakrileg. Kam man nicht darum herum, bei einem Kleinkind sexuelle Äußerungen festzustellen, etwa dann, wenn es offensichtlich onanierte, glaubte man an „Frühreife", an einen „Ausnahmefall", und schritt, alarmiert, pädagogisch ein. Der onanierende Säugling wurde etwa in Höschen aus dicker Wolle zum Schlafe gelegt; Ärzte empfahlen, ihm Fausthandschuhe anzuziehen, die man mit Bändern so befestigte, daß er sich nicht davon befreien konnte, und damit er bei seinen Manipulationen am eigenen Körper noch weiter behindert sei, steckte man seine Ärmchen in Röhrenmanschetten aus Karton; wehrte er sich dagegen, schrie er zornig, wollte er nicht einschlafen, wurden ihm Baldriantropfen zur Beruhigung verschrieben. Mit diesen Maßnahmen gewöhnte man das Kleinkind, auf seine autoerotische und autistische Lustquelle zu verzichten. Hierzu gab es noch weitere ähnliche Dressurmittel, die uns heute ebenso barbarisch anmuten wie die Zwangsjacke mit den Kartonmanschetten.

Denn die Zeiten und die Ansichten haben sich geändert. Man gewährt dem Kinde ein größeres Maß an Freiheit als früher, und man entsetzt sich nicht weiter, falls man an ihm sexuelle Betätigungen beobachtet. Und dies tut jede Mutter, jede Kleinkinderpflegerin. Manch eine hält sich zwar an das Rezept, es wohl zu wissen, zu sehen, immer wieder bestätigt zu finden, aber keinesfalls darüber zu sprechen. Denn die Sexualtabus sind immer noch wirksam genug. Sie sind „archetypisch" begründet und darum nicht so leicht aus der Welt zu schaffen. Immerhin sind wir heute so weit gekommen, nicht gleich eine Abnormität zu befürchten, wenn wir beim Kinde sexuelle Sachverhalte feststellen.

Man nimmt sie zur Kenntnis, reiht sie dem Bereiche des Normalen ein und — man bagatellisiert sie.

Lehnte man in noch nicht sehr fernen Zeiten die Lehren Freuds über die infantile Sexualität als abstruse Phantasien ab, so bezeichnet man sie heute als veraltet und übertrieben. Sie hätten, sagt man, in eine Epoche gepaßt, da es galt, die teils bigotten teils anderswie engherzigen und engstirnigen Anschauungen über alles Sexuelle zu durchbrechen; das Sexuelle sei damals — gerade darum, weil man es so stark verleugnete — hintergründig besonders wirksam gewesen, so als gäbe es im menschlichen Leben nichts anderes als es. Als durch Freud der Einbruch in die althergebrachten Anschauungsweisen kam, habe das Pendel in der Richtung des Sexuellen umgeschlagen, und der lächerliche *Pansexualismus* sei aufgekommen. Heute aber gelte es, die Ansichten wieder ein Stückweit zurechtzurücken, zu reduzieren, zu mäßigen, das Sexuelle richtig einzuordnen, an den ihm gebührenden Platz zu stellen. Es sei dies vernünftig und sachentsprechend. Aus der Distanz eines halben Jahrhunderts sei mancherlei anders zu betrachten als einst, und die Theorien Freuds bedürften einer gewissen Revision. Es sei doch gewiß, daß ein Kind noch andere Entwicklungen als nur die der Triebe durchzumachen habe (als ob die Psychoanalyse dies je bestritten hätte). Mindestens ebenso wichtig sei die Entwicklung der mentalen, der geistigen, der körperlichen, der Ich-Kräfte und -Fähigkeiten, und neben diesen spiele das Sexuelle eine, wenngleich nicht völlig unbedeutende, so doch nicht die überragende Rolle, wie Freud sie postulierte. Wir hätten gewisse „Übertreibungen" in unseren Ansichten abzustreichen.

Eine dieser Übertreibungen sei die Annahme, daß sich alle Kinder mit einem *Kastrationskomplex*, die Mädchen mit dem *Penisneid* auseinanderzusetzen hätten. Es sei dies eine unzulässige Verallgemeinerung, und man müsse sie mit Statistiken belegen — denn heute lasse sich ohne Statistik überhaupt nichts mehr wissenschaftlich sauber beweisen.

Freud habe zweifellos etwas Richtiges gesehen, als er behauptete, an seinen Patienten, die ihm während der Kur von ihrer Kindheit berichteten, das Wirken des Kastrationskomplexes und des Penisneides beobachtet zu haben. Sein Denkfehler sei jedoch gewesen, daß er das, was seine erwachsenen Patienten über ihre Kindheitsentwicklung darbrachten, als für alle Menschen geltend ansah. Kastrationskomplex und Penisneid seien „abwegige" Tatbestände. Man könne sie bei gewissen *kranken* Menschen nicht übersehen, dürfe dies wohl im Hinblick auf ihre Kurierung nicht tun; aber es sei Irrtum, anzunehmen, die Tatbestände bezögen sich auch auf Gesunde, insbesondere auf solche Kinder, die eine ungestörte seelische Entwicklung durchlaufen.

Es gibt noch schärfere Kritiker. Sie weisen darauf hin, es habe sich ergeben, daß die Patienten in einer psychotherapeutischen Kur von sich selber das aussagen, was der Arzt gern von ihnen hören möchte. Schon ihre Träume lauteten verschieden, je nachdem sie etwa einen Freud-Schüler, einen Jungianer oder Adlerianer zum Analytiker hätten. Unter der Führung eines Freud-Schülers produzierten die Patienten Träume, an denen sich hauptsächlich ihre sexuellen Verwicklungen feststellen ließen; sei der Behandelnde ein Jungianer, kämen archetypische Bilder zum Vorschein, die Sachverhalte des kollektiven Unbewußten träten an den Tag; und stehe der Patient unter der Obhut eines Adlerianers, dann drehten sich seine Träume um den männlichen Protest, den Geltungs- und Machttrieb und um sozialpsychologische Konflikte. Irgendwie wirkte die Persönlichkeit des Analytikers auf den Patienten in dem Sinne, daß dieser wie ein gehorsamer Schüler gerade das in seinen Träumen und Assoziationen hervorbringe, was sein Cicerone im Reich des Unbewußten erwarte und gern sehe. Es sei so, daß die Persönlichkeit des Psychotherapeuten auf unerklärliche Weise im Patienten Phantasien erwecke, die den Erwartungsvorstellungen seines Arztes entsprächen.

Aus diesem Grunde dürfe die Existenz von Kastrationskomplexen und vom Penisneid des Mädchens überhaupt angezweifelt oder bestritten werden — sie seien Produkte von unbewußten Suggestionen.

„Aber", wenden wir ein, „als Freud den Kastrationskomplex zum erstenmal entdeckt hat, konnte er ihn, der ihm vorher nicht bekannt war, doch seinen Patienten nicht suggeriert haben. Man kann doch gewiß nicht etwas suggerieren, von dem man nichts weiß!"

„Es steckte aber unbewußt in Freud!" wird argumentiert — und wir sehen ein, daß es keinen Sinn hat, mit unserem Partner zu diskutieren. Denn er will einfach recht bekommen in seinen Ansichten. Und diese sind dirigiert vom Bestreben, auf jeden Fall Freud ablehnen zu können. Wir kennen eine solche Haltung und Einstellung: sie ist affektiv begründet, und hinter ihr lauert die Sexualangst, die unser Gesprächspartner selbstverständlich leugnen wird. Da ist nichts zu machen, niemals werden wir uns finden können, um wirklich rein sachlich miteinander Zwiesprache zu halten.

Dagegen wollen wir das Argument betrachten, daß Kastrationskomplex und Penisneid krankhafte Erscheinungen bedeuteten, die man bei normalen und gesunden Kindern nicht beobachte. Wir wollen beweisen, daß diese Ansicht nicht mit der Wirklichkeit übereinstimmt — daß also das Postulat eines allgemeingültigen Kastrationskomplexes und seiner Begleiterscheinung, bei den Mädchen des Penisneides, nicht irrtümlicher- oder gar leichtfertigerweise aufgerichtet worden ist.

Damit niemand sagen kann, wir hätten die beiden angefochtenen Tatbestände nur retrospektiv durch Aussagen Erwachsener, die über ihre Kindheitsentwicklung erzählten, erfahren, wollen wir uns direkt bei den Kindern umsehen. Bei durchaus gesunden, nicht neurotisierten, normalen Kindern.

Ein Arztehepaar mit zwei Töchterchen, die wir Nina und Pauline nennen wollen. Nina steht im achten, Pauline im siebenten Lebensjahr. Die ältere ist eine ausgesprochene Asthenikerin, die jüngere von typisch pyknischem Habitus. Beide Kinder sind intelligent, aber Nina weiß ihre Intelligenz besser hervorzukehren als die jüngere Schwester, dazu wohl angeregt durch die Schule[1]. Pauline ist noch stark kindlich im Denken, Sichäußern und Gebaren; Nina steht mit dem einen Fuß bereits im sogenannten Realitätsalter. Beide Kinder sind bislang keineswegs schwer zu erziehen gewesen, außer daß die ältere eine Zeitlang ziemlich aggressiv war und eine kräftige Eifersucht auf die jüngere manifestierte. Dann fand — etwa vor anderthalb Jahren — Nina allmählich ein mütterlich-beschützendes Verhältnis zu Pauline, und seitdem vertragen sich die Schwestern ausgezeichnet. Niemand könnte von ihnen behaupten, sie seien nicht „normale" Kinder.

Eines Tages kamen sie mit dem Wunsch zu ihren Eltern, diese möchten ihnen „Röhrchenhosen"[2] anschaffen. Der Wunsch wurde erfüllt.

Auf einem der jeden Tag stattfindenden kleinen Spaziergänge sprach Pauline unvermutet zu ihrem Vater: „Du, ich möchte halt doch lieber ein Bub sein!"

Der Vater darauf, lächelnd: „Ei warum denn?"

„Weißt du, die Buben haben es so bequem beim Pipimachen. Sie brauchen nur den Hosenschlitz zu öffnen und ihr Ding herauszuziehen. Ich dagegen muß erst die Hosen herunterstreifen!"

---

[1] Im Kanton Bern geht man dann zur Schule — im April —, wenn man im Dezember zuvor das siebte Altersjahr erreicht hat.
[2] Farmerhosen mit engen Röhren.

Der Vater suchte das Kind zu besänftigen, indem er ihm die Vorteile des Mädchen- und Frauendaseins erläuterte.

Wenn nun der psychoanalytisch Geschulte deutet, in dem Wunsche Paulinens lägen hintergründig der Penisneid und vielleicht, wahrscheinlich, auch Kastrationsphantasien verborgen, wird manch einer dies als Unsinn und Übertreibung ablehnen. „Daß man bei allen kindlichen Äußerungen derlei Konstruktionen unterschiebt!" wird er mißbilligend sagen.

Aber laßt uns vernehmen, was weiter geschah.

Kurz nach dem Vorfall auf dem Spazierweg sagte Pauline zu ihrer Mutter: „Mami, ich hätte gerne, daß mir die Großmutti einen Strampelsack zu Faden schlägt, und du könntest ihn dann mit deiner elektrischen Nähmaschine fest zusammennähen!"

Die Mutter lächelte: „Ei, was dir alles einfällt, Päuli! Strampelsäcke tragen nur die kleinen Babys, damit sie es schön warm haben!"

„Das habe ich gesehen!" bestätigte Pauline.

„Weißt du, wenn sie strampeln, dann treten sie die Bettdecke hinunter, liegen halbnackt da und könnten sich erkälten, den Husten bekommen. Deshalb stecken sie ihre Muttis in Strampelsäcke. Du bist nun schon groß und brauchst keinen mehr!"

Pauline insistiert: „Ich möchte halt trotzdem einen haben!" sagt sie bestimmt. Und nach einem Weilchen fügt sie bei: „Weißt du, wenn in der Nacht der *Wolf* kommt, dann kann er mir meine Füße nicht abbeißen!"

Die Mutter ist höchlich erstaunt. Denn bislang hat das kleine Mädchen nie etwas von einer *Wolfsphobie* geäußert. Sie weiß, daß es nichts fruchtet, einem Kind seine Angst ausreden zu wollen. Also erwidert sie *nicht*, wie dies allgemein üblich: „Es gibt doch hier keine Wölfe, und in deinem Schlafstübchen schon gar nicht! Das könntest du wissen! Wie wollte denn ein Wolf zu dir hereinkommen? Die Wohnungstüre, die Haustüre sind verschlossen, und von draußenherein könnte ein Wolf nicht durchs Fenster springen, es liegt ja im ersten Stock und wäre doch zu hoch" usw. Nein, die

Mutter spricht: „In dem Falle will ich sofort mit der Großmutter reden, damit du einen Strampelsack bekommst!" Und die Kleine bekam einen.

Ist es gestattet, die Episode auf dem Spaziergang mit der im mütterlichen Arbeitszimmer in Zusammenhang zu bringen? Es mag Leute geben, die finden, dies sei nicht erlaubt. Das Verbindende daran seien nur die beiden Wünsche, aber sie seien unabhängig voneinander. Ein Kind könne viele, voneinander völlig verschieden bedingte Wünsche in sich aufkommen lassen.

Wer so sprechen kann, hat keine Ahnung von Kindern. Er betrachtet sie in ihren Einzeläußerungen und sieht das Dynamische nicht.

Er würde etwa aussagen: „Pauline hatte Knaben beim Urinieren erblickt. Sie sah, wie einfach dies vonstatten ging, verglich es mit dem Vorgang und den Vorbereitungen, die nötig waren, wenn *sie* Harn lassen wollte, und fand, für die Knaben sei es bequemer und einfacher als für die Mädchen. Darum kam in Pauline der Wunsch auf, ein Knabe zu sein. Später hat die Kleine einen Säugling gesehen, dem die Mutter einen Strampelsack überstreifte — was aus irgendeinem Grunde, vielleicht nur aus Besitzgier, in Pauline den Wunsch weckte, auch einen solchen zu besitzen!"

Ein jahrzehntelanger Umgang mit gesunden und kranken Kindern hat mich gelehrt, daß es nicht angeht, so simpel über Kinder zu denken, wenn wir sie *verstehen* wollen. Ihre Wünsche entstehen aus einer bestimmten einheitlichen, kausal bedingten psychischen Gesamtlage, einer Grundstimmung, einer „Gestimmtheit", was leicht bewiesen werden kann, sobald man Gelegenheit nimmt, darüber nachzuforschen.

Aber wir wollen uns zunächst darüber zu orientieren suchen, aus was für Gründen Pauline sich einen Strampelsack wünscht. Sie sagt es uns selber. Das nächtliche Bekleidungsstück soll sie vor einer erwarteten Gefahr beschützen; es soll dem Wolf nicht möglich sein, ihr die Füße abzubeißen.

Ist dies nur eine fadenscheinige Ausrede und nachträgliche Rationalisierung? Nein, die Kleine braucht solche nie, weil sie es nicht nötig hat. Denn sie weiß von ganz klein auf, daß ihre Eltern sie „ernst" nehmen, sie nichts entbehren lassen, und daß sie vorgeschobene Motivierungen nicht zu erfinden und anzuwenden braucht. Die Wolfsangst ist echt.

Wir können sehen, wie stark Pauline noch im vorrealen Denken steckt. Es fällt ihr nicht ein, daß der Wolf ihre Füßchen trotz des Strampelsackes abbeißen könnte, käme das Tier wirklich daher. Es fällt ihr ebensowenig ein, daß der Wolf sich an ihrem Gesicht, das vom Strampelsack nicht geschützt ist, gütlich tun könnte. Die gefährdete Stelle sind die Füße. Und in Paulinchens Phantasie bewahrt sie der Sack vollkommen vor dem Untier.

Warum will Pauline gerade die *Füße* schützen. Die Kleine wurde darüber befragt.

„Weißt du", antwortete sie, „in der Nacht strecke ich die Füße manchmal unter der Decke hervor!"

Könnten die Füße unbewußt einen anderen Körperteil bedeuten? Die Traumpsychologie hat uns unzweifelhaft gezeigt, daß ein Körperteil für einen ganz anderen dastehen kann. Über eine ähnliche, bei vollem Wachen geschehene „Verschiebung" und Ersetzung habe ich einst in der Zeitschrift „Psyche" berichtet[3]; zwei Schwestern, eine vierzehnjährige und einer zwölfjährige, trafen einen Exhibitionisten an, und die ältere schrieb nachher nieder: „Er hatte etwas in den Händen und hielt sie beide hoch. Wir sahen nicht, was es war, es sah weiß und länglich aus. Wir blieben augenblicklich und angstgelähmt stehen, das Herz stand uns vor Schreck still ... Zuerst mußten wir ab diesem (Manne) lachen. Als er mit dieser Stellung auf uns zukam, überfiel uns eine Angst." Es dürfte wohl jedermann klar sein, was das „Etwas" gewesen war, das die Mädchen gesehen hatten. Der Geschlechtsteil des Exhibitionisten wird in der Phantasie der Mädchen — als Wir-

---

[3] H. Zulliger, Flagrantes Beispiel einer Veränderung und einer Verschiebung nach oben, Psyche X, H. 5, Stuttgart 1956/57.

kung der Verdrängungstendenz — zu einem unbestimmten „Etwas" gemacht, und die Hände werden als nach oben gehalten phantasiert.

Als ich einst mit einem Sechsjährigen auf einem Botengange begriffen war, sollte er urinieren. Er teilte es mir mit. Ich wies auf einen Baum, es war in einsamer Gegend, und ich forderte den Knaben auf, dort seinen Harn abzugeben. Er erwiderte: „Das tue ich nicht. Es könnte jemand daherkommen und mir die Zunge abschneiden!"

Wie er auf diesen Gedanken komme, wollte ich wissen. Er habe einst uriniert, und da habe ihm ein Hausierer zugeschaut. Hierauf habe er, der Bub, dem Manne die Zunge hinausgestreckt. Der Mann habe ein Messer hervorgezogen und geöffnet und ihm gedroht, er schneide ihm die Zunge ab. Ich zog mein Taschenmesser hervor, öffnete es und sagte dem Knaben, er möge nur ruhig urinieren, denn ich würde mit einem Mann schon fertig werden, falls einer käme und ihm die Zunge abschneiden wollte. Der Bub tat, wie geheißen, und nachher meinte er: „Er hätte mir ja auch das da abschneiden können!" und er wies zwischen die Schenkel.

Die Drohung, daß ihm die Zunge abgeschnitten werden könnte, bezog er also ohne Umschweife auch auf den Penis.

Ein anderer Knabe, fünfjährig, erklärte mir einst: „Ich vermag nicht so weit zu pissen wie mein Freund Walter. Denn man hat mir im Spital da an dem Fuß die große Zehe abgeschnitten, als ich sie zerquetscht hatte!" Er faßte die Operation also als eine Beschädigung seines Gliedchens auf.

Die Beispiele, die nachweisen, daß in der Phantasie eines Kindes ein Körperteil einen anderen ersetzen kann, würde man ins Unendliche vermehren können. Insbesondere kommt sehr häufig vor, daß für die Darstellung der Geschlechtsteile etwas anderes gewählt wird.

Wenn wir nun annehmen, Pauline habe mit den Füßen, die vom Wolf gefressen werden könnten, einen als verdoppelt phantasierten eigenen Penis gemeint, dürfte uns der Zusammenhang der beiden Episoden auf dem Spaziergang mit dem Vater und in Mutters Arbeitsstube deutlich werden.

Der Trost, den der Vater seinem Töchterchen spendete, indem er auf die Vorteile der Mädchen und Frauen hinwies, war für die Kleine nur ein halber Trost. Der Wunsch, einen Penis zu besitzen wie die Buben, wirkte weiter. Pauline phantasiert ihre zwei Füße als Penisersatz und sieht sich vom Wolfe mit der Kastration bedroht. Bei Tierphobien wird ja überhaupt, wie die Erfahrung tausendfach gelehrt hat, meist Kastrationsangst verarbeitet. Das Phobietier ist ein auf der totemistischen Denkstufe aufgefaßter dämonischer Mensch, ein wegen ödipaler Schuld bestrafender Unhold, letztlich aber die kinderfressende Mutter, eine Ischtar-Figur, die das Kind vernichtet oder körperlich beschädigt, also „kastriert". Denn jede körperliche Beschädigung wird vom Unbewußten im Sinne einer Kastration aufgefaßt. Dies hat uns ja auch das Beispiel des Fünfjährigen gezeigt, der nicht mehr so weit wie sein Freund den Urinstrahl spritzen kann, weil er an der großen Zehe operiert worden ist.

„Aber", wendet man wohl ein, „Pauline weiß doch genau, daß sie ein Mädchen ist. Wie sonst hätte sie ihrem Vater bedeutet, sie möchte lieber ein Bub sein? — Wie kann sie nun unbewußt phantasieren, sie sei nicht nur im Besitze eines einzigen, sondern von zwei männlichen Gliedern?"

Erstens ist darauf zu erwidern, daß der Phantasie alles möglich ist. Ein Kind kann etwas über eine Sache wissen, es kann zugleich etwas anderes über die gleiche Sache wissen.

Wir haben ein Kind sexuell, gemäß seinen Fragen, aufgeklärt. Es weiß genau, daß die Kleinen im Körper der Mutter wachsen und, wenn die Zeit hierzu gekommen ist, auf die Welt geboren werden — man hat ihm dies genau erklärt, und es hat alles ohne die geringsten Zeichen von Widerstreben oder Nichtverstehen akzeptiert. Von irgendwoher hatte es auch die Storchenfabel gehört. Eines Tages erzählt das Kind seinem jüngeren Kusinchen die Storchenfabel. Die Eltern lassen es gewähren, aber am Schluß des Gespräches fragen sie das Kind: „Glaubst du denn an die Geschichte vom Storch? Wir haben dir die Herkunft der Babys doch anders erklärt!" — „Die Geschichte vom Storch ist halt schöner!" erwiderte das Kind. „Sie gefällt mir besser!" und es zuckt mit den Schultern, als wollte es sagen: „Ich bedaure, liebe Eltern, aber laßt mich doch für wahr halten, was mir paßt!" Die Fortsetzung des Gespräches ergibt, daß das Kind die naturwirkliche Aufklärung und die Storchengeschichte beide für wahr nahm — als zwei verschiedene Möglichkeiten, von denen beide ihm, je nachdem, willkommen waren.

Wir staunen darüber, daß das Kind so „denkt". Aber es fällt uns nicht ein, uns darüber zu wundern, daß wir in unserem erwachsenen Denken oft genauso tun wie ein Kind. Zweimal hat Herr Biedermann seinen Regenschirm im Gasthaus stehenlassen. Ein drittes Mal werde er es nicht tun, behauptet er unter Freunden. Vergeßlich sei er nicht, und das wiederholte Stehenlassen des Schirmes habe ihm diesen so sehr eingeprägt, daß er von nirgendwo weggehen könne, ohne daß ihm einfiele, er müsse nach dem Schirm sehen — selbst wenn er ihn nicht mitgenommen habe. In der einen Schicht seines Seelischen ist also Herr Biedermann vollkommen davon überzeugt, daß er nie mehr seinen Schirm vergessen könne. In einer anderen Schicht seines Seelischen jedoch sagt er sich: „Was zweimal geschehen ist, geschieht ein drittes Mal!" Er unterdrückt dieses Wissen als Unsinn und Aberglaube. Und er kann seinen Schirm erst dann nicht mehr stehenlassen, nachdem er dies tatsächlich ein drittes Mal getan ... Das *magische Denken* in Herrn Biedermann hat sich als das richtigere, das wirksamere erwiesen.

Und das noch viel kräftigere magische Denken beim Kinde erlaubt diesem, sich für kastriert zu halten und zugleich zwei Penisse zu besitzen.

Damit sind wir zu Pauline zurückgekehrt.

Wir wollen uns vergegenwärtigen, was — zum zweiten — der Strampelsack für eine Bedeutung hat. Er ist ein Kleidungsstück für Säuglinge. Der Säugling realisiert seine Geschlechtsrolle und den

Geschlechtsunterscheid noch nicht. Wird er älter und sieht, daß es zwei Sorten Menschen gibt, laboriert er an seiner Beobachtung herum, und so oder anders kommt er ungefähr zu folgendem Schluß: Den Mädchen ist das Gliedchen abgeschnitten worden — das hat der Vater — die Hebamme — der Doktor in der Frauenklinik — am Ende die Mutter selber — irgendein böser Erwachsener hat das Scheußliche getan —, und die Mädchen werden als kastrierte Knaben aufgefaßt.

Jüngst war ich bei einem Freunde auf Besuch. Er hat mehrere Kinder, Knaben und Mädchen. Sie vertragen sich sehr gut miteinander. Die älteste Tochter, eine Achtjährige, hatte bislang nie eine Äußerung getan, die darauf hätte schließen lassen, daß in ihr ein Kastrationskomplex bestehe. Man hatte die Kinder — als sie darnach fragten — über den Geschlechterunterschied und dessen Bedeutung aufgeklärt. Die Eltern waren der Ansicht, der weibliche Kastrationskomplex bestehe nur in Ausnahmefällen.

Um so erstaunter waren sie, als das älteste Töchterchen plötzlich, es war auf einem Spaziergang, an den Vater herantrat und fragte: „Wann habt ihr mir eigentlich das Ding da (sie wies zwischen ihre Beine) abgeschnitten?"

Gern oder ungern mußten die Eltern einsehen, daß ihre Älteste trotz ihres natürlichen, gesunden Wesens und trotz der Sexualaufklärung sich mit der Kastrationsidee beschäftigte — und trotzdem sie bislang nie darüber gesprochen hatte.

Aber kehren wir zu den beiden Arzttöchterchen zurück.

Indem Pauline sich einen Strampelsack wünscht, deutet sie eine *Regressionstendenz* ins unbeschwerte, „glückliche" Säuglingsalter an, wo der Geschlechtsunterschied noch nicht realisiert worden ist. Befindet sich Pauline im Säuglingsalter, dann ist durchaus möglich, daß sie ein Knabe ist oder es noch werden wird. Die Hoffnung, daß der Penis noch nachwachse, sprechen viele kleine Mädchen aus, nachdem sie den Geschlechtsunterschied beobachteten. Wie „entschädigend" muß die Phantasie für Pauline sein, daß sie sich sogar im Besitze von zwei Penissen glaubt, wähnt (*zwei* Füße)!

Der Sack hat jedoch für das Unbewußte noch eine weitere Bedeutung. Es fiel uns auf, daß Pauline sich als *völlig sicher* im Sack phantasiert — der Wolf kann ihr nichts antun. Der Sack ist ein unantastbares Refugium, in welchem sich Pauline bergen kann.

Fast alle Kinder schaffen sich solche Refugien. Sie schlüpfen unter das Deckbett. Sie bauen sich im Garten Häuschen oder Zelte. Sie verbergen sich vor Gefahren unter Mutters Schürze. Sie stecken den Kopf in Mutters Schoß und schließen die Augen, verhalten sich die Ohren. Sie flüchten in ihr Bettchen — und so weiter. Dabei wird den Kindern nicht deutlich, daß die Gefahr, die phantasierte oder eine reale, sie auch in ihrem Refugium erreichen könnte — daß der Wolf Paulinens Füße auch fressen könnte, obgleich sie im Strampelsack stecken.

Weilte das Kind denn je in seinem Leben in einem Bezirk, worin es vollkommen sicher war, in jeglicher Beziehung? Gewiß! Damals, als es noch ein intrauterines Leben führte. Der Mutterleib bedeutete für es vollkommenen Schutz, war für es das „Schlaraffenland". Aus unzähligen Träumen wissen wir, daß Häuschen, Höhlen, Kasten, Häuser Mutterleibssymbole sind. Wunderschön äußerte sich ein kleines Mädchen zu seiner Mutter: „Du bist mein Haus!"[4]

Zwei Buben im Alter von dreieinhalb Jahren und viereinhalb Jahren krochen unter das Daunendeckbett und erklärten: „Wir spielen Baucherlis, wir schlüpfen in den Bauch!" Ein Fünfjähriger, der im Begriffe stand, seine Pferdephobie zu überwinden, erzählte: „Einst war ich doch ganz klein. Da hat mich ein Pferd gefressen. Es hat mich ganz verschluckt. Ich kam in seinen Bauch, und dort war es schön. Ich aß die Zuckerstücke, die herunterkamen und anderes, und ich trank Wasser. Wenn ich pissen wollte, steckte ich mein Röhrchen in des Pferdes Pipimacher, dann floß der Harn hinaus. Dann hat es mir im Pferd nicht mehr gefallen, und ich bin dann hinten herausgekommen! Ich wohnte im Pferd — es war mein Haus."

---

[4] Nach einer Mitteilung von Dr. Julia Schwarzmann, Zürich.

Das sei eine infantile Zeugungs- und Geburtsphantasie, wird man sagen. Sicherlich. Außerdem aber ist wieder die Parallele Mutterleib = Haus dargestellt.

In einer Ferienkolonie, deren Leiter ich einst war, kam an den Tag, daß die Zehnjährigen unter der Mädchenschar ein geheimes Spiel trieben. Sie spielten Geburt. Eines der Mädchen band sich ein Tuchsäcklein auf den nackten Leib und verwahrte eine Puppe darin. Dann gingen die Mädchen in den nahen Wald. Dort legte sich die „Mutter" ins Moos und eine „Hebamme" schnitt mit einer Schere das Säcklein auf und nahm das „Kind" heraus.

Gerade dieses letzterwähnte Beispiel macht deutlich, daß ein Sack als Uterus phantasiert werden kann, und vielleicht erscheint jetzt nicht so ganz unwahrscheinlich, daß der Strampelsack Paulinens, in den zu schlüpfen sie wünschte, dem Verlangen des Mädchens Ausdruck gab, während der Schlafenszeit im Mutterleib gegen alles Unheil geborgen zu sein. Besonders gegen das Unheil der Kastration durch den Wolf. Schlafen bedeutet ja ohnehin eine Rückkehr in urhafte Zustände. Indem Pauline etwas selber *erfindet,* um sich vor der Kastration zu schützen, steht sie bereits im Begriffe, sich selber von der Wolfsphobie zu heilen, sie zu überwinden, ihren Kastrationskomplex zum Zerfall zu bringen. Dabei hat ihr Schwesterchen, ohne dies zu beabsichtigen, geholfen, und deshalb habe ich Nina am Eingang dieser Kindergeschichte erwähnt, also nicht nur der Milieuschilderung wegen. Nina wollte, als sie hörte, daß Pauline einen Strampelsack bekomme, auch einen haben. Die Eltern gingen darauf ein. Es konnte dem Verhältnis zwischen den Schwestern sicherlich nicht schaden, wenn sich die beiden Mädchen auf Grund des Strampelsack-Spieles miteinander identifizierten. Nina war jedoch das Spiel recht bald verleidet. Sie streifte den Sack ab, wollte ihn nicht wieder anziehen. Es sei ihr allzu warm darin. Ihre Eulen — sie besaß deren als Puppen — beschützten ihren Schlaf, erklärte sie, der Sack sei unnötig.

Da fand auch Pauline [5], sie werde durch ihre Stofftiere genügend beschützt. Sie nahm jedoch dermaßen viele Beschützer zu sich, daß man die Betten der beiden Mädchen zusammenschieben mußte, um Raum genug für die Tierchen schaffen zu können. Pauline äußerte sich in der Folge nicht mehr über einen Wolf, dessen Angriff sie zu befürchten gehabt hätte.

Wäre nun statthaft, zu behaupten, Pauline sei „neurotisch" und demnach nicht mehr „normal" gewesen, weil sie eine Wolfsphobie entwickelt hatte? Wenn wir Pauline als „krank" betrachten, könnten unsere Kritiker sie im Bestreben, ein Teilstück der infantilen Sexualität im Sinne Freuds zu leugnen, als „Ausnahmefall" bezeichnen. Die Kastrationsidee und der Penisneid, könnten sie dann sagen, komme bei ganz gesunden Kindern nicht vor — und sie hätten ihre Position gerettet, die darin besteht, das Herzstück der Freudschen Trieblehre als unrichtig zu bezeichnen.

Aber es sei wiederholt: Pauline war und ist ein durchaus gesundes und normales Kind, und die Wolfsphobie war mehr nur eine episodenhafte und blaß angedeutete Angelegenheit bei ihr. Es sei auch daran erinnert, daß jedes Kind mehr oder weniger deutlich, mehr oder weniger intensiv, kürzere oder längere Zeit sich mit einer oder gar mit mehreren Phobien herumschlägt, um dann ohne Hinzutun von selbst darüber hinauszugelangen. Gewiß geben wir heutzutage Kinder, die arg an einer Phobie leiden, so daß diese sie in ihren Lebensäußerungen hemmt, in Psychotherapie. Es ist dies für solche Kinder eine unschätzbare Hilfe. Meist handelt es sich um Leutchen, die vererbungsmäßig stark sensitiv und sensibel sind und denen ihre Phobie besonders gefährlich werden könnte, weil sie die Grundlage bildet, auf der sich später eine Erwachsenenneurose aufbaut.

Die Mehrzahl der Kinder kommt jedoch mit ihren phobischen Ängsten nicht in eine psychotherapeutische Kur. Dies ist für sie gar nicht nötig. Die Kinder verwachsen die Phobie auf natürliche

---

[5] Wir sehen hier auch das Phänomen der Ich-Stärkung durch „Verdoppelung" infolge Identifizierung mit der Schwester.

Weise — gewöhnlich auf dem Wege der Identifikation mit dem Phobieobjekt und der Integrierung ihres Ichs [6].

Ebenso kommt die Mehrzahl der kleinen Mädchen ohne äußere Hilfe zur Überwindung ihres Penisneides. Meist hört die innere Auseinandersetzung mit der Geschlechtsrolle dann auf, wenn das Mädchen so reif geworden ist, daß in ihm das stolze Bewußtsein erwacht, Kinder auf die Welt setzen zu können, was den männlichen Partnern versagt bleibt. Mit dieser mehr empfundenen als bewußt „gedachten", überlegten Bilanz geht die Rechnung zugunsten der Weiblichkeit auf.

Dann „vergessen" die Mädchen all das, was sie in jüngeren Jahren phantasiert hatten. Kastrationskomplex und Penisneid werden amnesiert. Es geschieht dies — genau wie mit dem Kastrationskomplex der Knaben — in einer so umfassenden Weise, daß später Existenz und Wirklichkeit der beiden infantilen Phantasien für unmöglich gehalten werden.

Wir wissen, daß es nicht allein nur die Mädchen sind, welche gerade die brennendsten Probleme, die sie während der Jugend beschäftigten, vergessen, amnesieren — ja, am tiefsten amnesieren. Dies tun auch die Knaben, so z. B. mit ihrem Ödipuskomplex. Wir wissen außerdem, warum dies getan wird.

Wenn wir uns die Gründe der Amnesierung und Verdrängung vor Augen halten, wird uns auch durchsichtig, weshalb gewisse Zeitgenossen bestrebt sind, Freud an seiner Sexualtheorie herumzuflicken in der Art und mit den Argumenten, wie sie am Anfang dieses Kapitels erwähnt wurden.

In Wirklichkeit hat Freud einerseits scharf genug gesehen, anderseits war er sich selber gegenüber kritisch genug, um nicht etwas ins Blaue hinein zu behaupten. Wer mit gesunden Kindern Umgang zu pflegen hat, wird alles bestätigt finden, was Freud über die infantile Sexualität ausgesagt hat, und er wird ermessen können, was für ein wissenschaftlicher und praktisch-menschlicher

---

[6] Siehe den Fall Elisabeth in Kapitel IV.

Schaden erwächst, wenn die Funde des Begründers der neuen Seelenkunde verniedlicht, bagatellisiert oder in ihrer Bedeutung auf einen nebensächlichen Platz geschoben werden.

Noch immer wird der Gedanke an das Bestehen einer infantilen Sexualität als peinlich empfunden — noch immer wird er abgewehrt. Man ist bei dieser Abwehr nur ein wenig raffinierter geworden — etwa in ähnlicher Art, wie wenn man Kinder darum sexuell aufklärt, um bei ihnen die Sexualschranken aufzurichten und sie vor der Sexualität zu warnen als vor einem Übel, das eine Erfindung des Teufels ist.

Heute gibt man, und man tut es mit gutmütigem Schmunzeln, allgemein zu, daß die Kinder eine Sexualität besitzen; man fügt jedoch sofort bei, man brauche sie nicht ernst zu nehmen, denn sie sei nur ein kaum vernehmbares Nebengeräusch in der Symphonie der Gesamtentwicklung.

Indem man dies tut, merkt man nicht, wie sehr man dem eigenen Verdrängungsdruck unterlegen ist.

SECHSTES KAPITEL

Angst kann krank machen

Eine infantile Teufelsneurose

Zu Traugott Gerber[1], als dieser noch ein junger Mann war, kam einmal ein Sektenangehöriger, der missionierte, und überredete ihn, an einer Veranstaltung seiner religiösen Gemeinschaft teilzunehmen.

Traugott ging aus Neugier hin, nicht aus einem besonderen Bedürfnis. Er war bislang kein eifriger Kirchgänger gewesen, hatte die Sonntage lieber dazu benutzt, um ausgedehnte Spaziergänge oder im Verein mit Freunden eine Alpengipfelbesteigung zu unternehmen. Von Beruf war er Architekt und arbeitete auf einem Baubüro. Er war ein hochgewachsener Leptosomer und glich körperbaulich seiner Mutter. Diese, damals in den fünfziger Jahren, behauptete, ihr Sohn gleiche ihr wohl äußerlich, aber nicht in seinen Verhaltensweisen und seinem Charakter; er schlage in der Beziehung eher dem Vater nach, einem Kaufmann in führender Position. Jener, ein breiter Pykniker, war frohmütig, unternehmungslustig, ein guter Organisator, immer zuversichtlich, unbeschwert, optimistisch, jovial und trotzdem sehr real denkend, tüchtig. Die Mutter war eher ernst, leicht pessimistisch und stark religiös. Ihre Lieblingsbücher waren Sammlungen von Predigten. Schon als Traugott und seine um ein Jahr jüngere Schwester noch kleinere Kinder waren, nahm die Mutter sie sonntags in die Kirche mit. Die Tochter fand Gefallen daran, der Sohn machte, je älter er wurde, dagegen Opposition. Die Predigtgänge langweilten ihn, lieber wäre er mit seinesgleichen herumgetollt, und als er das Tertia-Alter erreicht hatte, weigerte er sich offen, mit Mutter und Schwester zur Kirche zu gehen. Er habe anderes zu

---

[1] Alle Namen sind verändert.

tun, sagte er, und der Vater gehe ja auch nicht hin. Seine Kameraden besuchten nur sehr gelegentlich das Gotteshaus, und er wolle sich von ihnen nicht unterscheiden, sich in seiner Lebensweise nicht von ihnen absondern. Vor allem begehre er nicht als ein „Frömmler" verdächtigt oder verschrien zu werden.

Nach der Reifeprüfung besuchte der junge Mann eine technische Hochschule, erwarb sich ein Architektendiplom und begann seine Berufstätigkeit.

Traugott Gerber war sechsundzwanzigjährig, als er die erwähnte Sektenveranstaltung besuchte, die für ihn schwerwiegende Folgen hatte. In der Versammlung sah er ein Mädchen — bislang hatten ihn die Mädchen wenig interessiert —, das ihm in die Augen stach, und in das er sich Knall auf Fall verliebte. Es ereignete sich das, was man „Liebe auf den ersten Blick" nennt.

Traugott war nicht scheu. Er stellte sich dem Mädchen, Renate mit Namen, vor, unterhielt sich mit ihm, erreichte, daß er es nach Haus begleiten durfte, und er ging heim mit dem Eindruck, er sei ihr auch nicht gleichgültig.

In der Folge besuchte Herr Gerber alle Zusammenkünfte der Sektenmitglieder, ließ sich in ihre Gemeinschaft aufnehmen, fand großen Gefallen und Befriedigung dabei, und das Verhältnis zu dem Mädchen Renate wurde inniger. Traugott vernachlässigte seine früheren Freunde und suchte Renate von anderen jungen Männern zu isolieren, damit sie ihm nicht von ihnen „abgehalftert" werde, und sie ließ es gern geschehen. Eines Tages verriet sie ihm, sie sei guter Hoffnung, und sie verlobten sich sofort und heirateten dann.

Die Ehe wurde gut und blieb gut.

Renate stammte aus einer Gemeindebeamtenfamilie, war mittelgroß gewachsen, rundlich, breit, frisch, lebendig, hübsch, dunkeläugig und glich, wie Nachbarn behaupteten, in der Statur, aber auch sonstwie, dem Vater ihres Gatten. Ihr tat leid, daß ihr „das passiert" war, was man in ihrer Familie als „Schande" betrachtete; sie hatte Schuldgefühle, daß sie sich als Einundzwanzigjährige hatte von ihren Gefühlen hinreißen lassen — und auch ihrem Ehemanne tat es leid. Sie wandten sich in gemeinsamen Gebeten zu Gott, er möge ihnen verzeihen. Aber der Riß zwischen der jungen Familie und ihren Eltern, obzwar das Kind, ein Knäblein, legitim zur Welt kam, sieben Monate nach der Heirat, konnte nicht geflickt werden.

Um den vorwurfsvollen Blicken und Reden ihrer Eltern zu entgehen, zog das junge Ehepaar in eine andere Stadt, wo Herr Gerber junior eine andere Stelle in dem erwähnten Baugeschäft annahm.

Im neuen Wohnort mieteten sich Gerbers eine Vierzimmerwohnung und waren sehr glücklich, obgleich dort kein Zweig der religiösen Gemeinschaft bestand. Ihre Religiosität sättigten die jungen Eheleute im engen Kreise der Familie ab, sie lasen sich aus der Bibel vor, legten sich die Texte gemeinsam aus, beteten viel und fühlten sich von Gott verstanden und entschuldigt. Dafür waren sie ihm dankbar und nahmen sich vor, ihre Kinder an ein Gott wohlgefälliges Leben zu gewöhnen. Ihre Kinder: je nach ungefähr einem Jahre rückte ein neues an, und dann hörte der Kindersegen auf einmal auf.

Der Erstling war auf den Namen Karlheinz getauft worden und entwickelte sich gut, wie es schien. Er wurde einige Wochen lang brustgenährt, und es entstanden keine Entwöhnungsschwierigkeiten. Mit anderthalb Jahren lief er und fing an zu plaudern. Zwar hatte er eine eigene Sprache, die nur seine Eltern verstehen konnten, und er begann erst mit ungefähr zwei Jahren, Wörter, später auch Sätze aus der Erwachsenensprache zu benutzen. Karlheinz konnte gut für sich selber spielen, dann auch im Verband mit dem um ein Jahr jüngeren ersten Schwesterchen. Im Bettchen spielte er oft mit seinem Geschlechtsteil, zog daran. Dabei beobachtete die Mutter Erektionen und war beunruhigt. Auf den Rat eines Kinderarztes legte man dem Knäblein zum Schlafen dicke Fausthandschuhe an — da ließ er seine „Unart" wieder bleiben. Mit zwei Jahren wurde Karlheinz sauber; „endlich", wie die

Mutter seufzend meinte, nicht ohne Genugtuung darauf hin-
weisend, daß ihre Reinlichkeitsdressur doch schließlich Früchte
zeigte. Der Bub war nie ernstlich krank, war fügsam und gelehrig,
die Eltern hätten nichts gefunden, um sich über ihn beklagen zu
müssen.

Eine Wende trat ein, als Karlheinz etwa dreijährig geworden war.
Damals kam sein zweites Schwesterchen zur Welt. Als er hörte,
es sei ein Mädchen, verlangte er, man solle es wieder in die Klinik
zurückgeben und gegen ein Brüderchen austauschen. Es gelang
nicht, ihm verständlich zu machen, daß man dies nicht tun könne,
und da fing er an zu trotzen. Zwar griff er den Säugling nicht
handgreiflich an, aber er nahm von ihm so wenig als möglich
Notiz, schloß ihn nicht in sein Abendgebet ein, wie er es mit den
übrigen Familiengliedern tat, und verlangte immer wieder nach
einem Brüderchen. Dies hinderte ihn nicht, sich mit seiner ersten
Schwester weiter freundschaftlich zu vertragen. Wenn aber die
kleinere längere Zeit schrie, dann wurde er wütend, stampfte auf
den Boden, warf sich auf den Teppich hin und schlug wie ein Be-
sessener mit Armen und Füßen aus, hielt sich die Ohren zu und
schrie wie am Spieß: „Ich mag das nicht leiden!"

Um Karlheinz zu trösten und zu bändigen, da ihre diesbezüglichen
Gebete nicht halfen, ergriffen die Eltern Gerber schließlich zwei
Maßnahmen: sie versprachen dem Knaben, das nächste Kind
werde ein Brüderchen sein, und sie erklärten ihm, sein Verhalten
gefalle Gott nicht, sondern dem *Teufel* als dessen Widerpart. Die
Mutter erzählte ihm, da er dies verlangte, Geschichten über den
Teufel und die Hölle. Schließlich half der Bub mit, den Teufel
und die Hölle zu schildern. Er erzählte dem ersten Schwesterchen
davon, sie erfanden entsprechende Spiele mit Puppen und Stofftierchen, und im Hinblick auf das zu erwartende Brüderchen fing
Karlheinz wieder an, der Mutter gegenüber folgsamer zu sein. Die
Eltern frohlockten und glaubten, gewonnenes Spiel zu haben.

Und dann kam wiederum ein Mädchen zur Welt, das vierte Kind
der Familie.

Der nun vierjährige Karlheinz war enttäuscht. „Gib es fort!" forderte er vom Vater. „Und gib auch die Mutter fort, sie taugt nichts!" äußerte er sich einmal. „Sie bringt doch immer nur Mädchen aus der Klinik heim!" Später einmal wollte er wissen, warum man diese nicht gegen Knaben austauschen könne — man könne doch im Schuhgeschäft die Schuhe austauschen und im Hutgeschäft die Hüte, dies habe die Mutter getan.

Man hielt für angezeigt, Karlheinz ein Stück weit geschlechtlich aufzuklären, und bedeutete ihm, die Kinder wüchsen im Leib ihrer Mütter, darum könne man sie nicht austauschen, und der liebe Gott bestimme, ob es ein Bub oder ein Mädchen sei.

„Nein!" erwiderte Karlheinz, der jetzt überhaupt zu allem „Nein!" sagte, alles besser wissen wollte und eine Trotzperiode durchmachte. „Wenn es ein *Bub* ist, hat es der *liebe Gott* bestimmt, und wenn es ein *Mädchen* ist, hat es der *Teufel* bestimmt!" und darauf beharrte er. Er phantasierte diese Idee mit der Lieblingsschwester aus, und einmal konnte folgendes Gespräch belauscht werden: „Weißt du, sagte das Schwesterchen, „ich war zuerst auch ein Bub. Da ist einmal *der Teufel in die Mutter hineingeschlüpft und hat ein Messer genommen und mir mein Röhrlein abgeschnitten, und da bin ich ein Mädchen geworden* — der Saukerl!"

Darauf Karlheinz: „Er könnte in der Nacht kommen, um *mir* mein Röhrlein auch abzuschneiden, aber ich würde ihn totschlagen!"

Kurz darauf brachen bei dem Buben pavor nocturnus-ähnliche Zustände aus. Er erwachte in den Nächten mit einem Angstschrei, dann stand er in halbwachem Zustande auf und legte sich zum Lieblingsschwesterchen, zur Mutter oder zum Vater ins Bett. Man beschloß, ihn gewähren zu lassen, und merkte, daß er zuerst krampfartig dalag, beobachtete, wie sich der Krampf dann langsam löste; sobald dies geschehen war, und Karlheinz wiederum tief schlief, brachte man ihn in sein Bett im Kinderzimmer zurück.

Die Eltern hielten ihr Söhnchen an, eifriger als je zu Gott zu beten, damit dieser es von der Angst befreie. Sie selber hofften auch auf eine solche „Gnade". Aber die Gebete Karlheinzens bewirkten nur eine Verstärkung der *Teufelsphobie*, sie vermehrten und vertieften seine Gedanken an den Teufel. Die Teufelsphantasien wurden zu seinem Hauptgesprächsstoff.

Die Teufelsangst Karlheinzens erstreckte sich jetzt auch auf den Tag und nahm ungewöhnliche Formen an. Der Bub begann zu fürchten, den Teufel irgendwo leibhaftig zu sehen. Darum verlangte er, daß die Wohnungstür verschlossen sei, und er kontrollierte die Tür, wenn der Vater zur Arbeit wegging, wenn die Mutter oder das Dienstmädchen sich auf einen Botengang begaben. Im Kinderzimmer mußte irgendeine Waffe vorhanden sein — des Vaters Spazierstock, ein alter Feuerhaken, ein zugespitztes Messer. Am Abend vor dem Schlafengehen mußte ans Schlüsselloch der Wohnungstür ein Papierstreifen geklebt werden, damit der Teufel sich nicht „dünn mache" und ins Haus schlüpfe. Alle Stofftiere, auch die der Schwesterchen, die Hunde, Eulen, Löwen, Äffchen, Elefanten, nahm Karlheinz zu sich ins Bett, gruppierte sie auf sein Kissen als Beschützer, und er wünschte sich dringend einen lebendigen Hund, der im Schlafstübchen gehalten werden sollte. Allein ausgehen wollte Karlheinz nicht mehr, er mußte von irgendwem aus der Familie begleitet werden, zum mindesten von seinem Lieblingsschwesterchen, eher noch von einem der Eltern oder vom Dienstmädchen.

Damit Karlheinz alle die Dinge um Teufel und Hölle vergesse und keine Gelegenheit mehr habe, sie mit dem Lieblingsschwesterchen auszuspinnen, gaben die Eltern ihn ein paar Wochen lang weg zu einer Tante mütterlicherseits. Sie wohnte auf dem Lande, war Bäuerin, und sie besaß einen Hund, mit dem sich der Knabe bei Besuchen innig angefreundet hatte. In der Stadtwohnung gestattete der Hausbesitzer nicht, Hunde zu halten.

Karlheinz freute sich seiner „Ferienzeit". Aber er erzählte nun der Tante von Teufel und Hölle, und obwohl er den Haushund in den Nächten vor sein Bett nehmen durfte, milderte sich des Buben Teufelsangst nicht im geringsten.

Die Bäuerin berichtete Karlheinz von einem althergebrachten Brauch, um den Teufel zu bannen: man müsse mit Kreide oder einem Stück Kohle ein Kreuzlein auf die Türschwelle malen, dann schrecke der Teufel zurück und verziehe sich.

Die Folge war, daß Karlheinz dieses Abwehrmittel auch verwendete. Jeden Abend zeichnete er ein Kreuzlein auf die Türschwelle seines Stübchens, und als er wiederum in sein Vaterhaus zurückkam, mußte es auch dort getan werden.

Die Eltern hatten ihre liebe Not mit dem Buben. Sie fanden, es sei dies die gerechte Strafe und Fügung Gottes dafür, daß sie Karlheinz vorzeitig gezeugt hatten, und sie waren bereit, diese „Prüfung" willig zu ertragen.

Und dann erschien als fünftes Kind, als Karlheinz fünfeinhalbjährig war, nochmals ein Mädchen, und neuerdings war Karlheinz enttäuscht, und wurden seine Teufelsphantasien genährt, jene phantastischen Gebilde, die sich die beiden ältesten Kinder über die Entstehung der Geschlechter zurechtgelegt hatten.

Inzwischen war der Knabe zu seinen beiden Eltern wieder sehr herzlich geworden. Am liebsten saß er der Mutter auf dem Schoß und liebkoste sie, schlüpfte fast in sie hinein und war, wie einst als kleines Kind, nun wiederum sehr gehorsam, gefügig. Die „Nein"-Periode schien er vergessen zu haben. Er widerstrebte nie mehr mit Worten, wenn er kleine Arbeiten oder Pflichten verrichten sollte, auch wenn sie ihm nicht willkommen, vielmehr unangenehm waren. Seinen Widerstand dagegen zeigte er nur noch dadurch, daß er lange zögerte, übermäßig viel Zeit verwendete, trödelte. Oft machten dann die Mutter, das Dienstmädchen oder die Lieblingsschwester Karlheinzens Arbeiten fertig, wenn Mahnungen nichts nützen wollten.

Die Eltern Gerber beobachteten dann noch eine weitere, sie merkwürdig anmutende Erscheinung an ihrem Sohn: bald überraschte er sie mit äußerst klugen Fragen oder Reden, bald zeigte er sich dumm, einem Debilen ähnlich; bald fielen seine sehr scharfen Beobachtungen und sein vorzügliches Gedächtnis auf, bald hielt Karlheinz seine Phantasien für Wirklichkeit und log, daß sich die Balken bogen. Dies zeigte sich auch in der Kleinkinderschule, in die Karlheinz im Frühling nach seinem sechsten Geburtstag eintrat. Die Kindergärtnerin hielt Karlheinz zuerst für schwachbegabt. Dann aber sagte sie von ihm aus, er sei lange nicht so dumm, wie er schiene, aber er sei in seinem mentalen Bestande noch unentwickelt. Weil er im November geboren worden war, riet sie, den Knaben nach seinem siebenten Altersjahr noch nicht in die richtige Schule zu geben, vielmehr noch um ein Jahr damit zuzuwarten; denn Karlheinz habe große Mühe, sich anzupassen, sich in die Gemeinschaft einzufügen, und er sei ängstlich und ungeschickt — nur sehr allmählich sei ihm der Kontakt mit den Kindergarten-Kameraden gelungen. Ihr stimmte die Schulberatung bei, die man mit ihm aufgesucht hatte.

Die Eltern hätten ihn nämlich lieber schon mit sieben Jahren in die Schule geschickt, da er groß und kräftig gewachsen war. Schließlich akzeptierten sie den Rat der Kindergärtnerin und des Schulpsychologen, und Karlheinz bezog die ABC-Schützenklasse zusammen mit seinem ältesten Schwesterchen. Es hatte dies den Vorteil, daß beide Kinder gemeinsam zur Schule gehen und von ihr zurückkommen konnten und daß nicht jemand von den Erwachsenen den ängstlichen Buben begleiten mußte.

In der Schule bekamen die beiden Geschwister eine sehr liebevolle und verständige, erfahrene Lehrerin.

Nach einem weiteren Jahre erklärte diese, Karlheinz sei ein typischer „Spätentwickler", aber *kein Debiler*. Er sei äußerst scheu und ängstlich, mache sich „klein" und unauffällig, habe sich erst nach geraumer Zeit getraut, sich am Schulgespräch zu beteiligen, habe sich dann jedoch oft durch kluge Antworten ausgezeichnet. Dieses Urteil bestätigte sich, nachdem Karlheinz das zweite Schuljahr bei ihr hinter sich gebracht hatte — und jetzt wechselte die Lehrkraft. Karlheinz kam zu einem Lehrer, so entschied das

Los, und sein Schwesterchen wurde einem anderen zugeteilt, die Geschwister wurden getrennt.

Der Bub reagierte zunächst damit, daß er sich jeden Morgen und Nachmittag konsequent ins Schulzimmer des Schwesterchens begab und weinte, wenn er in ein anderes gebracht wurde. Schließlich bestrafte man ihn, und er fügte sich in sein Schicksal. Sein neuer Lehrer war gekränkt, weil der Knabe nicht zu ihm hatte kommen wollen, und dies verschlechterte das Gefühlsverhältnis zwischen beiden.

Karlheinz fing in ähnlicher Weise zu streiken an, wie er es zu Hause bei den Arbeiten und Pflichten tat. Die Hausaufgaben verrichtete er nur unter Aufsicht und Zwang, und er erklärte, die Schule sei ihm verleidet. Es war ihm nicht beizubringen, daß sie nötig für ihn sei und ihm etwas nütze. Er war unglücklich und weinte viel, wenn man ihn zu schulischen Aufgaben nötigte.

Außerdem fing er an, sich mit seinen Kameraden zu zerstreiten. Nicht, daß er sie angriff. Aber auf dem Heimwege rief er ihnen Spottnamen zu, hänselte sie aus gewissem Abstand und flüchtete, sobald sie ihm nacheilten, um ihn trotz seiner Größe und Kraft zu verprügeln. Erwischten sie ihn, wagte er sich nicht zu wehren.

Es kamen Klagen zum Lehrer. Eltern beschwerten sich, der junge Gerber habe ihren Söhnen „Teufelsfurz", „Scheißteufel", „Seich-(Harn-)Teufel" und ähnliche Schimpfwörter auf offener Straße zugerufen — und der Vater Gerber verlangte vom Lehrer, dieser möge die beständigen Streitereien auf dem Schulwege abstellen, Karlheinz sei mit Beulen nach Hause gekommen.

Die Klagen gingen hin und her, hörten nicht auf — und alle Eltern nahmen ihre eigenen Kinder in Schutz. Es folgten Untersuchungen, Einvernahmen, und dabei kam unzweifelhaft zum Vorschein, daß Karlheinz die anderen provozierte und die Stärkeren auch dadurch reizte, daß er ein Feigling war [2].

Karlheinz hatte zwar auch Freunde und Freundinnen; es handelte

---

[2] Masochistische Schüler rufen regelmäßig die Aggression der Stärkeren hervor.

sich um Kinder, die er mit seinen Teufelsphantasien psychisch ansteckte und die seinen Erzählungen über den Höllenbetrieb gern und mit Angstlust lauschten.

Die Phantasien hatten folgende Grundgedanken, die Karlheinz vielfach variierte, zum Inhalt:

1. Der Teufel weiß sich unter Verkleidungen an die Menschen heranzumachen und sie mit List oder Gewalt zur Hölle zu führen.

2. Diese ist zugleich ein Ort der größten Wunder und der größten Schrecken.

3. Der Teufel liebt es, seine Opfer zunächst an einen reichgedeckten Tisch zu führen — aber die Speisen und Getränke darauf sind vergiftet und bringen den Genießern die entsetzlichsten Qualen.

4. Indem er sie, wo sie sich auch befinden mögen, kastriert, macht der Teufel aus Knaben Mädchen.

5. Des Teufels Fäkalien verwandeln sich sofort in kleine Teufel, die er aus seinem Harn ernährt. Er gibt den Teufelchen aus seinem Penis zu trinken.

6. Er hat einen dicken Bauch, weil er so sehr viel ißt. Aber er vermag sich so dünn zu machen, daß er überall eindringen kann, so durch die Schlüssellöcher in die Häuser.

7. Die Hölle ist ein Ort, der mit allem erdenklichen Komfort ausgestattet, mit weichen Teppichen gepolstert ist. Durch eine Teppichtür stößt der Teufel seine Opfer in einen anderen Höllenraum, wo sie gefoltert, dem Feuer und eiskalten Tümpeln, in die er sie stößt, ausgesetzt werden.

Der Lehrer bezeichnete Karlheinz kurzerhand als einen geschwätzigen Debilen und beantragte, ihn in die Hilfsschule zu versetzen.

Die Eltern Gerber riefen die erste Lehrerin ihres Sohnes zu Hilfe, und sie versicherte neuerdings, Karlheinz sei kein Debiler. Sie schlug die Versetzung in eine sogenannte Beobachtungsklasse vor. Es sind dies Klassen mit sehr wenigen Schülern, und ihre Lehrer haben die Aufgabe, nach einem Jahr und gestützt auf ihre Beobachtung, der Schulbehörde Vorschläge zu unterbreiten, wie jeder ihrer Schüler weitergeschult werden solle.

Da die Lehrerin und der Lehrer des Karlheinz nicht einig waren, ordnete die Schulbehörde eine psychologische Prüfung durch den Schulpsychologen an. Dieser bezeichnete Karlheinz als Debilen und riet zur Versetzung in die Hilfsschule.

Die Eltern, unzufrieden mit dem Urteil, suchten einen privat arbeitenden Kinderpsychologen auf, er möge die Diagnose stellen und raten, was anzufangen sei. Er veranlaßte, daß sich vorerst ein Kinderpsychiater und ein Neurologe über den Knaben äußerten. Der Psychiater bezeichnete den Knaben als „nicht psychopathisch veranlagt". Der Neurologe, der u. a. ein Enzephalogramm machte, erklärte die anormalen Erscheinungen als psychogen bedingt. Beide hielten, unabhängig voneinander, Karlheinz für nichtdebil.

Der Kinderpsychologe nahm mit dem Knaben eine Testuntersuchung vor, nachdem er genaue Erkundigungen über die Aszendenz und die Anamnese eingezogen hatte, und bezeichnete Karlheinz als *Angstneurotiker* und *Pseudodebilen* — er habe eine kinderpsychotherapeutische Behandlung dringend nötig. Um den Schulschwierigkeiten einigermaßen zu begegnen und um den Knaben aus einem Mißverhältnis zum Lehrer herauszubringen, sei eine zeitweise Versetzung in eine Privatschule angezeigt. Den Knaben könne man nicht in einem Schulheim unterbringen, weil seine Bindung an die Eltern und sein engeres „Familienmilieu" noch allzustark seien, so daß er eine Trennung kaum ertragen könnte. Darum sei zu einer ambulanten Behandlung zu raten, um so mehr, als eine solche gestatte, eventuelle Neuerscheinungen, Regressionen oder Fortschritte leichter zu beobachten und dem Knaben die Neuanpassung an ein Internatsmilieu zu ersparen. Den Zustand Karlheinzens kennzeichnete der Psychologe als „infantile Teufelsneurose". Es sei die *Angst*, die wie ein Sog die meisten Energien des Knaben auf sich ziehe, und diese ständen ihm dann nicht mehr zu anderer und besserer Verwendung zur Verfügung. Die Angst und der Teufelskomplex hinderten Karlheinz auch daran, seine „mittlere" Intelligenzanlage zu realisieren; im Grunde wäre er durchaus befähigt, um dem Unterricht in einer Volksschule zu folgen. Es wäre vorteilhaft, schlug der Psychologe vor, daß der Knabe von einer *Frau* behandelt werde, da sich in den Tests deutlich gezeigt habe, er schlage sich hintergründig mit seinem Verhältnis zur *Mutter* herum.

Karlheinz wurde in eine Privatschule und in Behandlung gegeben. Diese dauerte annähernd zwei Jahre. Nachher konnte er wiederum in eine gewöhnliche Schule umgeschult werden. Seine Teufelsangst war weitgehend aufgehoben, er war verträglicher und zugleich mutiger geworden, viel anpassungsfähiger, und er lernte leichter und hatte keine Schwierigkeiten mehr in der Schule. Er versöhnte sich mit seinen jüngeren Schwestern und erlernte nach Schulaustritt den Beruf eines Baumgärtners. Hierzu riet ihm der Berufsberater, und Karlheinz konnte dabei seine Körperkraft nützlich anwenden und sein starkes Bedürfnis nach einem Leben in der freien Natur absättigen.

Es ist nicht übertrieben, wenn wir feststellen, die Kinderpsychotherapeutische Kur habe mit einem guten Erfolg geendet, auch wenn sie nicht erreichen konnte, daß aus Karlheinz ein Kirchenlicht geworden ist. Dies hatte ja auch niemand erwartet. Aber er ist doch ein freierer Mensch geworden, imstande, sich selber, selbständig, durchs Leben zu bringen [3].

Wir wollen nun die Geschichte dieser infantilen Teufelsneurose vom tiefenpsychologischen Gesichtspunkt aus nochmals betrachten. Zuerst fiel die *Gattenwahl* der beiden Eheleute Gerber auf. Uns kam merkwürdig vor, daß ein junger Mann von sechsundzwanzig Jahren, der bislang nichts mit Mädchen zu tun hatte, sich plötzlich,

---

[3] Karlheinz ist heute (1961) einundzwanzig Jahre. Das Material zu der vorliegenden Arbeit stammt aus einer „Kontrollanalyse", die vor acht Jahren abgeschlossen wurde.

auf den allerersten Anblick hin, in eines „verknallte". Da muß doch in Traugott Gerber etwas Entscheidendes angeklungen haben.

Sicher können wir nicht sagen, was da passiert ist. Aber wir dürfen auf die Vermutungen hinweisen, die in uns aufstiegen, als von der entsprechenden Epoche in Traugotts Leben die Rede war. Traugott könnte unbewußt in Renate einesteils das Duplikat seines Vaters gesehen haben, weil dieser körperbaulich dem Mädchen glich, während er selber der Mutter ähnlich war. Traugott heiratete also seine eigene „Ergänzung". Renate glich jedoch, in anderer Beziehung, zugleich Traugotts Mutter, die wie das junge Mädchen stark religiös war.

Als kleiner Bub war es Traugott auch gewesen. Dann, während seiner Pubertäts- und Adoleszenzzeit, machte er gegen die Religiosität Opposition und versetzte sie in die Latenz. Wir dürfen annehmen, daß dies nicht ohne *hintergründige Schuldgefühle* geschehen konnte, denn es handelte sich um eine Art „Ungehorsam" der Mutter gegenüber. Die Religiosität brach dann wieder durch, als Traugott Renate kennenlernte. Er war kraft der Erziehung durch seine Mutter dafür disponiert, einmal ein stark religiöses Mädchen zu heiraten, würden wir sagen.

Ich sprach von Schuldgefühlen. Diese mußten gewiß auch in Renate vorhanden sein und wie bei Traugott hintergründig wirken. Die Religiosität beider jungen Gatten sollte deren Schuldgefühle besänftigen. Gott sollte die jungen Eheleute in ihren Versündigungsgefühlen entlasten. Die verstärkte Religiosität bedeutet eine Kompensation gegenüber den Schuldgefühlen — denn sonst hätte darin die *Gestalt des Teufels* keine so bedeutende Rolle gespielt, daß ihn die Eltern, besonders die Mutter, als Erziehungsmittel bei ihrem Söhnchen Karlheinz benutzt, eingesetzt hätten.

Für den Knaben Karlheinz wurden der Teufel und die Höllenstrafen der Mittelpunkt seiner religiösen Phantasien, nicht Gott.

Andere Eltern sprechen wohl vor ihren Kindern auch vom Teufel, aber dies macht den Kleinen keinen so mächtigen Eindruck, daß sie gleichsam eine Art „Teufels-Religion" in sich aufbauen. Sie nehmen die Existenz eines Teufels wohl zur Kenntnis, aber sie finden ihn eher komisch, lächerlich als bedrohend, weil sie den lieben Gott als ihren allem überlegenen Freund und Beschützer betrachten, sich keineswegs vor dem Teufel fürchten in der Art, wie wir es bei Karlheinz sahen.

Es erhebt sich nun die Frage, warum Karlheinz so stark an dem Hinweis der Mutter festhielt, von ihm so gefesselt wurde, es gebe einen übermächtigen Teufel als Widerpart Gottes. Man darf es doch gewiß als ungewöhnlich bezeichnen, wenn ein Kind vor dem Teufel dermaßen Angst empfindet, daß es allerhand Zeremonielle aufnimmt wie das Verkleben des Schlüsselloches, das Bereitstellen von Waffen, das Kreuzzeichnen auf der Schwelle, das Nicht-mehr-Ausgehendürfen ohne Begleitung, das Zu-jemand-ins-Bett-Schlüpfen in halbwachem Zustand usw., ferner Symptome wie das pavor nocturnus-ähnliche Verhalten, die Starre beim Einschlafen, später die teilweise Pseudodebilität.

Alle diese Anzeichen halten wir für Veränderungen, wie sie nur bei einer blühenden *Kinderneurose* vorkommen, und wir wundern uns, weshalb die Eltern Gerber dies nicht schon damals einsahen und nach Abhilfe Umschau hielten. Wir kennen einen Grund dafür, warum sie dies nicht taten: sie betrachteten die Schwierigkeiten Karlheinzens als eine von Gott auferlegte Prüfung und Strafe dafür, daß sie vorehelichen Geschlechtsverkehr gepflogen hatten.

Wenn wir uns vergegenwärtigen, zu welchem Zeitpunkt die Teufelsneurose bei Karlheinz ausbrach, und was der Teufel für den Knaben für eine Rolle spielte, dürfte uns deutlich werden, aus was für Gründen die abwegige Entwicklung bei dem Knaben begann. Karlheinz wünschte sich mit auffallender Dringlichkeit ein Brüderchen, nachdem das dritte Kind der Familie Gerber ein Mädchen gewesen war. Es wurde ihm versprochen, das nächste Kind werde ein Brüderchen sein — und dann kam wiederum ein Mädchen zur Welt. Wie sehr Karlheinz enttäuscht, ja erbittert war, wollen wir an seinen Aussprüchen ermessen. Er fordert vom Vater: „Gib es (das neue Schwesterchen) fort. Und gib auch die

Mutter fort, sie taugt nichts, sie bringt doch immer nur Mädchen aus der Klinik heim!" — später, nachdem er ein Stück Sexualaufklärung angehört hatte: „Wenn es ein Bub ist, hat es der liebe Gott bestimmt, und wenn es ein Mädchen ist, hat es der Teufel bestimmt!"

Die Bedeutung dieser Idee oder kindlichen Phantasie Karlheinzens wird uns klar, wenn wir uns eines nachfolgenden Gesprächs des Buben mit seinem ältesten Schwesterchen erinnern. Das Mädchen phantasiert: „Ich war zuerst auch ein Bub. Da ist einmal der Teufel in die Mutter hineingeschlüpft und hat ein Messer genommen und mir mein Röhrlein abgeschnitten, und da bin ich ein Mädchen geworden", worauf der etwas über Dreijährige antwortet: „Er könnte in der Nacht kommen, um mir mein Röhrlein auch abzuschneiden, aber ich würde ihn totschlagen!"

Wir sehen hier eine vollkommene kindliche *Kastrationstheorie*, wie sie uns Sigmund Freud [4] erstmals vorgelegt hat. Sie lautet: für die infantile Phantasie sind Mädchen kastrierte Knaben. Das Mädchen erwartet, das männliche Zeichen werde ihm noch nachwachsen, oder es befürchtet, es sei ihm abgeschnitten worden; der Knabe, der ein weibliches Genitale erblickt, faßt es als Wunde auf und befürchtet, ihm könnte geschehen — was er am Mädchen vollzogen glaubt —, daß ihm das Glied abgeschnitten werde.

Das Gespräch Karlheinzens mit seiner Lieblingsschwester bestätigt das Vorkommen solcher kindlicher Phantasien. Man kann nachfühlen, wie sehr er ein Brüderchen als Bestätigung seiner selbst, als *Ich-Verdoppelung*, Ich-Verstärkung und Phalanx gegen den Teufel nötig gehabt hätte. Offenbar hat Karlheinz zuerst an der ersten Schwester den Geschlechtsunterschied nicht realisiert, vielmehr erst an der zweiten. Darum lehnt er die älteste Schwester nicht ab, jedoch die nachfolgenden Schwesterchen. Denn sie führen

---

[4] S. Freud, Analyse der Phobie eines fünfjährigen Knaben, Ges. Werke, Bd. VII — Über infantile Sexualtheorien, Ges. Werke, Bd. VII. — Drei Abhandlungen zur Sexualtheorie, Ges. Werke, Bd. V, London 1944.

ihm seine Sexualtheorie, wonach die Mädchen kastrierte Knaben sind, immer wieder neu vor Augen, und damit die entsetzliche Angst, an ihm könnte nachträglich auch noch die Verwandlung in ein Mädchen geschehen, nämlich durch den Teufel. Der Teufel wird in seiner Phantasie zum *Kastrator.*

Warum fürchtet sich Karlheinz so stark davor, „kastriert" zu werden? Es waren gewiß Gefühlsspuren in dem Knaben vorhanden, daß man sich mit dem Penis große Lust verschaffen könne, denn dies hatte der Bub ja einst erfahren, erlebt, als er als Kleinkind mit seinem Gliedchen spielte. Eine solche Lustquelle begehrte Karlheinz nicht zu verlieren. Aus diesem Komplex von Gefühlen und Phantasien baute sich allmählich in dem Knaben die *Teufelsphobie* [5] auf, und die Eltern waren daran nicht unschuldig, selbst wenn sie sich ihrer Schuld nicht bewußt waren. Es war falsch, den Knaben durch Drohungen mit dem Teufel erziehen zu wollen, und es war unsinnig, ihm dermaßen direkt ein Brüderchen zu versprechen. Sie begingen trotz bester Absichten arge Erziehungsfehler, wie dies so oft geschieht.

Teufelsneurosen kommen bei Kindern verhältnismäßig selten vor, eher erkranken sie an einem „Complex d'abandon" oder an anderen Angstfolgen, wie Stottern, Tierphobien, Gewitterphobien, Angst vor dunklen Räumen, nächtlichem Aufschrecken, Rückfall ins Bettnässen usw. Darum schien mir gerechtfertigt, die Teufelsphobie des kleinen Karlheinz in ihrem Zustandekommen zu schildern.

Die Behandlerin Karlheinzens teilte mir mit, daß die Teufelsphobie Karlheinzens auch mit der ziemlich rigorosen *Reinlichkeitsgewöhnung* des Knaben im Zusammenhang stand. Dieser Bezug sei hier kurz angedeutet: der Bub lernte dabei, daß die Körperausscheidungen und die Ausscheidungsorgane „fragwürdige" Dinge

[5] Siehe auch S. Freud, Eine Teufelsneurose im 17. Jahrhundert, Wien 1924. Ges. Werke, Bd. XIII, London 1944.

bedeuteten, verbotene, tabuierte Substanzen, mit denen man nicht spielen durfte — daß es nicht statthaft war, aus den Funktionen Lust zu beziehen, auch nicht mit entsprechenden Manipulationen des zum Greifling herangewachsenen Kindes.

Aus den Energien verbotener Triebansprüche entstand Angst. Daß die Teufelsvorstellung bei Karlheinz auch *anale Züge* zum Inhalt hatte, kam wohl auch in des Knaben Schimpfwörtern (Teufelfurz, Scheißteufel, Seichteufel) zum Vorschein, noch deutlicher in den Phantasien über die Teufelsfäkalien. Außerdem kam ans Tageslicht — durch die Spieltherapie —, daß Karlheinz das Abgeben von Stuhl schon als „Kastration" gewertet hatte, nämlich als ein von der Mutter verlangtes Abfallen eines Körpergliedes, und hinter der Figur des Teufels stand die der *anal-kastrierenden Mutter*.

Mit dem elfjährigen Karlheinz wurde eine *reine Spielbehandlung* durchgeführt, und unbewußte Inhalte oder Zusammenhänge, Mechanismen usw. wurden ihm nicht gedeutet [6]. Eine solche Kur-Technik war für ihn trotz seiner elf Lebensjahre durchaus angezeigt, weil er noch fast gänzlich dem infantilen animistisch-magischen Denken verhaftet war. Die Behandlung vollzog sich nach einer sehr genauen Anamnese mit Hilfe ununterbrochener Fühlungnahme mit den Eltern, was sehr viel zum Verständnis der Bedeutung der einzelnen Spiele oder Spielreaktionen beitrug, oft schlüsselhaft wirkte. Darf ich ein Beispiel anfügen, welches das Gesagte beleuchtet: In einer bestimmten Phase benutzte Karlheinz einen Elefanten als deutliche Mutterfigur (Dickbäuchigkeit). Er behauptete, der Teufel sei darin, oft war der Elefant der Teufel selber, und dann schnitt er ihm mit einer Schere den Rüssel ab. Der Teufel, versicherte der Bub, sei anal in den Elefanten hineingeschlüpft und habe sich in dem Tier heimisch gemacht. Als die Eltern davon hörten, entsannen sie sich jener von ihnen belauschten Szene im Kinderzimmer, da Karlheinz und seine Lieblingsschwester dar-

[6] H. Zulliger, Heilende Kräfte im kindlichen Spiel, Stuttgart 4. A. 1960.

über phantasierten, der Teufel sei in die Mutter hineingeschlüpft und habe ihrem Kind das männliche Glied weggeschnitten. Damit wurde das Elefantenspiel völlig durchsichtig, ebenso die symbolische Kastration des Stofftierchens durch den Buben, der nun in eine Phase der „aktiven Kastration" geriet, sie an allem möglichen Spielzeug bestätigte, äußerte, bearbeitete und nach und nach wieder abklingen ließ.

Untersuchen wir jetzt kurz den Sinn der in sieben Punkten mitgeteilten Einzelheiten über die Teufelsphantasie Karlheinzens. Der Teufel macht sich durch Verkleidung unverdächtig und bringt seine Opfer in die Hölle, einen Ort der größten Wunder und größten Schrecken. In der Gestalt des Teufels und der Hölle sind zugleich die (verbotenen) *Triebansprüche* und die *Bestrafung* dafür verkörpert (Über-Ich-Ansprüche).

Der Teufel führt seine Opfer an einen reichgedeckten Tisch. Die Triebansprüche sind *oraler* Art, beziehen sich demnach auf die *Mutter*, von der das Kind erwartet, sie sättige seine oralen Ansprüche ab. Aber die Speisen sind vergiftet. Es zeigen sich deutlich eine *orale Ambivalenz* und das *Strafbedürfnis* für die oralen Ansprüche, zugleich die ambivalente Einstellung Karlheinzens der Mutter (als Ernährerin) gegenüber, sein Mißtrauen gegenüber der Mutter. Wir dürfen annehmen, daß die Entwöhnung von der Mutterbrust trotz gegenteiligen Berichtes von Frau Gerber traumatisch auf ihren Sohn gewirkt hat.

Der Teufel macht aus Knaben Mädchen, indem er die Knaben schon im Mutterleib, in den er hineinschlüpft, kastriert. Er erscheint in der Auffassung Karlheinzens als *„männlicher" Kastrator*.

Der Teufel hat einen dicken Bauch, weil er viel ißt — zugleich vermag er sich so dünn zu machen, daß er überall eindringen kann. Der „dicke Bauch" ist wiederum ein *Muttersymbol* (die schwangere Mutter). Es wird eine *orale Zeugungstheorie* — der dicke Bauch als Folge von Vielessen — dargestellt.

Der Teufel kann sich dünn machen und überall eindringen, so

durchs Schlüsselloch ins Haus; hier ist der Teufel genital aufgefaßt (dünner Teufel = *Penis*, Haus = *Mutterlei*b).

Aus des Teufels Fäkalien werden Teufelskinder: anale *Zeugungs-* und *Geburtsphantasie*. Der Teufel nährt seine Kinder mit seinem Harn: *Gleichsetzung von Harn mit Muttermilch*, von *Penis mit der Brustwarze*. Wiederum werden dem Teufel *weibliche* (mütterliche) Züge zugeordnet.

Die Hölle ist mit allem Komfort ausgestattet; der Teufel stößt seine Opfer durch eine Teppichtür in einen anderen Raum — in einen Raum der Qual und der Schrecken. Es wird das Leben im *intrauterinen Zustand*, die Geburt in den extrauterinen Zustand dargestellt.

Der Teufel ist eine *bisexuelle Figur*, ihm eignen sowohl männliche als auch weibliche Wesenszüge.

Es ist nun noch auf den Zusammenhang zwischen der Teufelsphobie und der partiellen Pseudodebilität des Knaben hinzuweisen. Angedeutet wurde bereits, daß die Teufelsphantasien auf die geistige Tätigkeit Karlheinzens wie ein Sog wirkten. Der Bub war so sehr an die Gedanken um den Teufel und die Hölle verhaftet, daß sie ihn von allen anderen geistigen Tätigkeiten abhielten. Außerdem stand die Angst da — erinnern wir uns des Wortes Heinrich Mengs: „Angst macht dumm!" Die Lehrererfahrung hat mir bewiesen, daß Angst in der Regel auch einen bereits Dummen *noch* dümmer macht.

Wenn betont wurde, daß die Behandlerin mit den Eltern in ununterbrochenem Kontakt stand, so geschah es deshalb, weil da und dort geglaubt wird, dies schade der Kur, der kleine Patient werde mißtrauisch, und die Übertragungsmechanismen erführen Störungen. Ich kenne Kinderpsychotherapeuten, die die Begegnung mit den Eltern möglichst vermeiden, ebenso das Zusammentreffen mit dem Patienten auf offener Straße und außerhalb der Behandlungsstunden.

Ich glaube, sie sind im Irrtum und von der Behandlung der Erwachsenen her befangen. Es sei darauf hingewiesen, daß die allererste Phobie eines Kindes, des fünfjährigen Hans, von Freud auch im beständigen Einvernehmen mit den Eltern durchgeführt wurde, ja, daß er diese Eltern selber eingreifen, psychotherapeutsich handeln ließ und sich selber mehr im Hintergrunde des Geschehens hielt.

Ob man die Eltern heranzieht, ist wohl davon abhängig, ob sie hierzu und im Hinblick auf die Kur ihres fehlentwickelten Kindes intelligent, affektiv fähig und aufgeschlossen genug sind. Erfüllen sie diese Bedingungen, kann der Kontakt mit ihnen nur nutzbringend sein, sei es, daß sie allerhand Aufschlüsse bringen, wie den oben erwähnten beim Elefantenspiel, oder daß man ihnen pädagogische Ratschläge erteilen kann. Daß ein Kind mit seinem noch unfertigen Ich während einer psychoanalytischen Kur außerdem noch *pädagogisch geführt* werden muß, habe ich schon während meiner allerersten Arbeiten auf dem Gebiete der Kinderanalyse eingesehen und postuliert [7], und Anna Freud hat es später bestätigt [8].

Die Schilderung der Teufelsphobie des kleinen Karlheinz könnte insofern von allgemeinem Interesse sein, weil sie Einblick in die *Ätiologie der Teufelsneurosen* überhaupt bietet und aufzeigt, was der Teufel in der hintergründigen Phantasie der Teufelsgläubigen eigentlich bedeutet: *einen kastrierenden Eltern-Dämon* (die penisversehene Mutter und den „bösen" Vater) [9], der andernteils seine Gläubigenschar, so die Hexen, mit übernatürlichen Kräften und einem Ersatzpenis ausstattet (Hexenbesen, Mistgabeln), sie jedoch dafür mit dem Seligwerden bezahlen läßt — sie also doch wiederum „kastriert".

---

[7] H. Zulliger, Psychoanalytische Erfahrungen aus der Volksschulpraxis, Bern 1921; Aus dem unbewußten Seelenleben unserer Schuljugend, Bern 1923.
[8] A. Freud, Einführung in die Technik der Kinderanalyse, Wien 1927.
[9] In der Freudschen Abhandlung ist der Teufel ein Vaterdämon, a. a. O., S. 14 der Wiener Ausgabe.

SIEBTES KAPITEL

Angstbewältigung mit Hilfe der Schund-Phantasie

Der selbst gedichtete Schundroman eines Halbwüchsigen

Einer meiner Schüler, der vierzehnjährige Martin Schafroth, gibt mir eines Tages eine freiwillig niedergeschriebene Arbeit ab. Sie trägt die Überschrift „Ich als Detektiv an der Arbeit", und sie lautet:

„Gestern, als ich in die Stadt kam, sah ich, daß vor einem Uhrengeschäft viele Leute versammelt waren, und ich hörte sie durcheinanderschreien: ‚Hilfe! Polizei! Ein Raub!'

Sofort eilte ich hinzu — und was sah ich da? Ein Mann lag im Laden blutend am Boden, und zwei andere stopften Uhren, Ringe, Anhänger, Kettchen und alles, was Wert hat, in ihre Taschen.

Die Leute wagten nicht, hineinzugehen und dem verwundeten Ladenbesitzer Hilfe zu bringen, denn die zwei Gangster drohten ihnen mit Pistolen. Jetzt zog ich meinen Revolver hervor und rannte entschlossen ins Geschäft. Kaum sahen sie mich, schossen sie. Aber ich hatte damit gerechnet, und schon war ich hinter dem nächsten Balkenpfeiler verschwunden. Sie wagten nicht, mir nachzukommen, denn ich streckte drohend meinen Waffenlauf hervor. Plötzlich schossen die beiden ganz schnell gegen mein Versteck. Rasch zog ich meinen Arm zurück — und sie glaubten wahrscheinlich, sie hätten mich getroffen. Denn nun schlichen sie langsam gegen den Balken, hinter dem ich ruhig wartete. Jetzt wäre es mir ein leichtes gewesen, sie herunterzuknallen, denn die Kerle hatten die Magazine ihrer Pistolen ausgeschossen, sonst hätten sie sie nicht sinken lassen. Darum sprang ich wieder hervor und schrie: ‚Hände hoch!' Aber sie gaben die Sache nicht auf. Sie kehrten sich wie der Blitz um, und schon waren sie zur Hintertür hinaus verschwunden.

Einem Polizisten, der jetzt hereintrat, gab ich den Auftrag, den Verwundeten ins Spital zu bringen und das Geschäft zu schließen. Dann jagte auch ich zur Hintertür hinaus in die Amthausgasse, aber ich sah die Räuber nirgends mehr.

Ich vermutete, daß sie auf den Bahnhof gegangen waren, um mit dem nächstbesten Zug zu fliehen und ihr geraubtes Gut in Sicherheit zu bringen. Darum rannte ich zum Bahnhof und fragte den Beamten am Schalter, ob nicht zwei Burschen dagewesen seien, der eine jung, mit blauen Augen, den Hut tief ins Gesicht gezogen, mit einem grünen Kleid, der andere ziemlich alt, aber kräftig, ohne Hut, mit einer Glatze, groß und unheimlich.

,Doch', sprach der Mann am Schalter. ,Es sind zwei solche Leute dagewesen und verlangten zwei Billette Bern—Bellinzona einfach.' Ich verlangte ebenfalls ein solches, aber retour, und suchte den Zug auf, der sofort abfuhr, kaum war ich eingestiegen.

Als in Bellinzona der Zug hielt, schaute ich vorsichtig zum Fenster hinaus, um zu sehen, ob die Verbrecher aussteigen würden. Und — wirklich — jetzt bogen sie schon dort um die Ecke. Ich sprang aus dem Wagen und folgte ihnen behutsam. Jetzt traten sie in ein kleines Häuschen, welches gerade vis-à-vis dem Bahnhof steht, und schlossen die Türe hinter sich ab.

Ich ging hin und lauschte. Als ich nichts hörte, nahm ich den Dietrich hervor und öffnete möglichst leise die Türe. Jetzt stand ich in einem niedrigen, finsteren Gang. Da vernahm ich aus einem Zimmer Männerstimmen. Wieder lauschte ich und schaute durchs Schlüsselloch. Da erzählte der Alte mit der Glatze: ,Wir haben uns in Bern etwas geholt, das wir dir jetzt gleich verkaufen. Die Sache ging nicht ohne Schwierigkeiten ab, der Geschäftsinhaber Binggeli wollte sich wehren — da gab ich ihm einen Schuß. Auf einmal kam noch einer, nur ein Bub. Wir schossen auf ihn, aber flink war er in Deckung. Plötzlich hatten wir keine Munition mehr in den Pistolen. Der Bub kam hervor und wollte uns abfassen, aber wir flohen. Er verfolgte uns bis zum Bahnhof. Wir sahen ihn wohl, aber er entdeckte uns nicht. Den haben wir schön auf den Hut genommen, hi — hi — hi!' Während der Glatzkopf so sprach, räumten er und sein jüngerer Kollege die Taschen aus, sie legten alles vor sich hin auf den Tisch. ‚So, wieviel willst du uns etwa dafür geben?' fragte der Alte. ‚Hunderttausend Franken ist das Zeugs schon wert!'

‚So viel zahle ich euch schon!' klang eine junge, kräftige Stimme hinter dem Tisch hervor. ‚Ich kann das Zeugs in Italien drunten noch viel teurer verkaufen!'

Jetzt hatte ich genug gehört. Ich riß die Tür mit einem Rucke auf und trat mit erhobenem Revolver hinein. Sie wurden kreideweiß vor ‚Chlupf' (Schreck), aber sie wagten nicht, sich zu rühren, denn sie wußten, daß ich schießen würde, wenn sie sich noch wehren würden. Als ich ‚Hände hoch!' rief, gehorchten sie sofort.

‚Und jetzt vorwärts!' befahl ich. So brachte ich die zwei aufs Polizeibüro, dort wurden sie zu zwanzig Jahren Zuchthaus verurteilt.

Jetzt können sie über ihre Räuberei nachdenken.

Als ich mit den geraubten Sachen wieder nach Bern zurückkehrte, vernahm ich, daß Binggeli nur einen ungefährlichen Beinschuß erhalten hatte."

Diese „Dichtung" Martin Schafroths ist ein kleiner Schundroman, in dem er selber den Helden spielt. Die Geschichte wurde äußerlich angeregt durch einen wirklich passierten Raubüberfall in einem stadtbernischen Bijouteriegeschäft, dessen Inhaber tatsächlich angeschossen wurde.

Martin Schafroth versieht während seiner Freizeit eine Ausläuferstelle in der nahen Stadt. Jeweilen nach Schulschluß fährt er aus unserm Dorf mit dem Rade hin. Den Raubüberfall hat er jedoch nicht mit eigenen Augen beobachtet. Er hörte nur davon erzählen, kam am anderen Tag zu mir, um mir die Neuigkeit zu berichten, und erwähnte dabei, sie habe ihn so sehr aufgeregt, daß er in der Nacht davon träumte.

Der Traum hatte zwar einen ganz anderen Inhalt als die nachher niedergeschriebene Detektivgeschichte: Martin wurde von den Räubern verfolgt, er flüchtete von Versteck zu Versteck, wurde immer wieder aufgestöbert, und als die zwei Männer, der blauäugige junge im grünen Kleid und der alte Glatzkopf auf ihn schossen, erwachte der Bub mit einem Angstschrei und war in Schweiß gebadet. „Ich war froh, daß alles nur ein Traum war!" schloß Martin. „Ich war vor Angst fast außer mir!"

Die Figuren im Roman sind also identisch mit den Verfolgern im Angsttraum. Zum „rezenten Material", das zur Traumbildung beigetragen hat, gehört eine am Vorabend ausgefochtene „Apfel-Schlacht", über die Martin am übernächsten Morgen während der ordentlichen Aufsatzstunde schrieb. Der Bub hatte mit seinem um ein Jahr jüngeren Bruder im Vorraum der Wohnung mit einem Fußballspiel [1] gespielt. Als Martin eine Runde gewann, wurde der jüngere, Otto, zornig und warf das Korkkügelchen, das beim Spiel als Ball dient, in die Wiese hinunter. Martin wollte es holen, da bewarf ihn Otto mit unreifen Äpfeln. „Ich entgegnete sofort das Feuer", schreibt Martin, „aber als mir die Munition ausging, hatte Otto noch im Vorrat, und ein Äpfelchen traf mich mitten ins Gesicht. Ich blutete aus der Nase. Da kam der Vater, und statt mir zu helfen, nahm er natürlich wieder für den jüngeren Partei. Ich soll, weil ich der ältere bin, immer der Klügere sein und nachgeben, und wenn Otto Streit anfängt, und der Vater kommt dazu, dann muß immer nur ich der Schuldige sein. So auch diesmal, und weil ich ,maulte' (= widersprach), erteilte mir der Vater obendrauf noch eine Ohrfeige."

Otto, der jüngere Schafroth, besucht wie Martin unsere Primarschule. Er trägt einen grünen Rock und hat blaue Augen — und

---

[1] An einem eingerahmten Spieltisch sind Eisenstangen quer angebracht, an diesen hängen Puppen, die „Fußballspieler". Auf den Tisch wird eine Korkkugel geworfen, der „Ball". Durch Drehen der Stangen stoßen die Puppen den Ball ins Goal — in Löcher an den Stirnenden den Spieltisches. Jeder Spieler bedient drei Stangen mit Fußballmannschaften, jeder sucht den Ball ins Goal des Gegners zu stoßen.

wahrscheinlich ist es kein Zufall, daß der jüngere Gangster in Martins Geschichte ähnlich aussieht. Der jugendliche Dichter hat die Vorbilder für seine Romanfiguren unbewußt der Wirklichkeit entnommen. Wir finden noch andere Ähnlichkeiten. Der Vater Martins ist ein großer, athletisch gebauter Mann von unheimlichem Aussehen. Er trägt zwar keine Glatze. Sein Kopf ist mit dichtem, wolligem Kraushaar in der Form eines Pelzkappenschopfes bedeckt, und gewöhnlich zieht er seinen Filz tief in die Stirn herunter. Wenn er so daherkommt, unrasiert, wirkt er nicht gerade freundlich, und die Dorfkinder weichen ihm aus.

Alle Dichtung ist dem Tagtraum [2] und Traum [3] verwandt, sagt die Psychologie. Und die Traumpsychologie kennt das Gesetz der „Darstellung durch das Gegenteil". Es wäre möglich, daß die Glatze des Räubers eigentlich den Pelzkappenschopf Vater Schafroths bedeutet.

Die Traumpsychologie kennt weiter das Gesetz der „Verschiebung". Der ins Gesicht gezogene Filz Vater Schafroths findet sich auf den Kopf des jüngeren Räubers verschoben.

Die Räuber im Roman sind „Mischfiguren" nach dem Vorbild des Bruders und Vaters des Dichters. Dies beweist noch ein anderer Zug. Otto hat sich einst am Scheitel, hart über der linken Schläfe, verwundet. Dort wuchs seitdem kein Haar mehr. Der Bub hat eine kleine, lichte Stelle, dort wo der Arzt einst die Kopfhaut nähte. Martin und die andern Kinder hänseln Otto oft, er habe eine „Glatze". Daß der ältere Räuber im Roman eine Glatze trägt, ist also auch nicht von ungefähr erfunden. Der Schundromandichter nimmt seine Gestalten aus sich, die schlimmen, wie die „guten"; er stellt in ihnen eigene böse und brave Strebungen — den Kampf derselben im eigenen Ich — dar.

Das äußere Motiv, das Martin zu seiner Detektivgeschichte antrieb, war, worauf bereits hingewiesen wurde, ein tatsächlich geschehener Raubüberfall.

[2] H. Sachs, Gemeinsame Tagträume, Wien 1924.
[3] S. Freud, Traumdeutung, Leipzig 3. A. 1911.

Als weiteres inneres Motiv sehen wir eine Auseinandersetzung des Dichters mit Bruder und Vater. Martin wandelt in seinem kleinen Schundroman die Niederlage, die er von seiten des Bruders und Vaters bei Anlaß der „Apfelschlacht" erfuhr, in einen Sieg.

Den „Stoff" hat Martin schon in seinem Angsttraum bearbeitet. Der Traum brachte jedoch keine befriedigende Lösung für den Konflikt, der durch das Erlebnis der „Apfelschlacht" besonders akut geworden war. Wohl gelingt es dem Träumer, vor seinen Verfolgern immer wieder in ein Versteck zu flüchten, aber er wird immer wieder entdeckt und findet schließlich nur den Ausweg ins Erwachen. Der Angsttraum wird zum Wecktraum — und „Ich war froh, daß *alles* nur ein Traum war", sagt der Träumer.

„Alles?" fragen wir. Nein, nicht „alles". Denn der Gegensatz (Ödipuskomplex) zwischen Martin und seinem Bruder und Vater besteht weiter. Aber indem sich der erwachte Schläfer sagt, es sei „alles" nur ein Traum, schiebt er den gesamten Konflikt von sich, er verdrängt ihn tiefer, um unbehelligt weiterschlafen zu können. Der Konflikt ist jedoch unerledigt. Er drängt Martin dazu, eine Geschichte zu erfinden, die phantasiemäßig die Konfliktlösung gewährleistet. Martin obsiegt über seine Widersacher, und er macht sie für volle zwanzig Jahre unschädlich.

Martin ist ein eher schwächlicher Bub. Dies ließ sich bereits vermuten, als berichtet wurde, wie er beim Streit mit dem jüngeren Bruder den kürzeren zog. Otto ist dem Erstgeborenen körperlich überlegen; obgleich er kleiner ist, ist er viel gewandter und kräftiger als Martin. Dieser ist von typisch leptosomem [4] Körperbau: zartgliedrig, schlankwüchsig, lang aufgeschossen, mit mageren, eckigen Formen; etwas vornübergebeugt steht der Knabe da, schmächtig, hager, mit schmalen Schultern und feinfingrigen Händen. Dem Körperbau entsprechend ist die seelisch-geistige Erscheinungsform: in seiner Affektivität ist Martin sprunghaft, bald ruhig, bald erregt, bald zeigt er sich kühl abwägend, bald unbedacht impulsiv und empfindlich, bald gemütskalt und dann

---

[4] E. Kretschmer, Körperbau und Charakter, Berlin 6. A. 1926.

wiederum überschwänglich. Er ist ein Träumer und Spintisierer, er grübelt und introvertiert, er kann jähzornig auflodern oder in stumpfem Trotz gelähmt sein, und er ist weniger praktisch als für theoretisch-abstraktives Denken begabt. Dies prägt ihn zum guten Schüler. Daß er sprachlich ziemlich gewandt ist, verraten seine Aufsätze und mündlichen Diskussionen. Obgleich er sich — weil es unter seinen Kameraden so Mode ist — sehr für Sport interessiert, ist er körperlich unterlegen, eigentlich eine „unsportliche" Figur, und wenn er trotzdem physische Ausdauer zeigt, entspringt diese mehr seiner nervlichen Zähigkeit als gewöhnlichen Kraftreserven.

Man könnte von ihm sagen: er sucht seine physische Unterlegenheit durch die Entwicklung geistiger Fähigkeiten zu kompensieren. Auf seine geistigen Leistungen ist er stolz. Die Gangstergeschichte brachte er mir mit der Gebärde eines Ausgezeichneten, der mehr kann als die andern, und der von seinem Können beglückt ist.

Das ganze Drum und Dran um den Roman, dessen äußeres und inneres Werden wir haben verfolgen können, ist trotz der Primitivität und Unbedeutendheit des Produktes kennzeichnend für die Art, wie Dichtung entsteht. Dichtung ist immer „Dichtung und Wahrheit" — Verdichtung, Zusammenballung der Wahrheit, äußerer und innnerer Wahrheit, gefügt aus subjektivem Erleben oder Mit-Erleben und dessen objektivierender Gestaltung [5].

Bei der Dichtung Martins handelt es sich nur um einen Schundroman. Dabei zeigt sich unzweifelhaft, wie sich der jugendliche Dichter, in Wirklichkeit unterlegen und von Angst geplagt, in der Phantasie zum Helden aufschwingt, alle Hindernisse überwindet, die Gegner meistert, und dadurch ausgezeichnet ist, daß er völlig angstfrei ist. Alle andern Figuren in der Detektivgeschichte haben Angst; die gaffende Menge vor dem Bijouterieladen, aber auch die Gangster bei ihrer Überwältigung.

Daß in Wirklichkeit auch Martin von Angst erfüllt ist, beweist sein Angsttraum. Mir scheint, nichts könnte besser Martins Angst

[5] S. Bernfeld, Vom dichterischen Schaffen der Jugend, Leipzig 1924.

beweisen als ihre „Darstellung durch das Gegenteil" in des jungen Dichters Phantasieprodukt.

Wenn wir außerdem von Martin wissen, in welchem Maß er seiner Umwelt körperlich unterlegen ist, glauben wir den Grund für die Angst gefunden zu haben. Sie ist jedoch — wie das Schundlesen — für Knaben seines Alters typisch, also nicht eine Einzelerscheinung an unserm Schundromanverfasser. Sie entspricht der Triebstauung des Pubertätsalters: die abgewehrte kriminelle Triebenergie, der Wunsch, den Vater und dessen Stellvertreter, den Bruder, unschädlich zu machen, zu beseitigen (zwanzig Jahre Gefängnis), wandelt sich in Angst.

Die Angst halbwüchsiger Knaben

Die Angst der Jugendlichen stammt teilweise aus somatischen Quellen. Die Geschlechtsdrüsen sind reif geworden und werfen ihre Sekrete in die Blutbahn — das Blut schwemmt sie ins Hirn und bewirkt bislang unbekannte Dränge und Impulse. Ihnen zu folgen, verbietet Sitte, Anstand, Gewissen. Die nach und nach aufgestaute Triebenergie, ungelöst, unabgesättigt, führt schließlich zu der Erscheinung, die Behn-Eschenburg [6] die „Physiologische Pubertätsneurose" genannt hat. Sie bleibt so lange bestehen, bis es dem Träger gelingt, die neuen Dränge in sein Sein einzuordnen, die Autorität zu akzeptieren, sich von seiner Bindung an die Blutsverwandten zu lösen und selbständig zu werden — nachher verschwindet sie wieder, wie sie gekommen ist. Wird aber der Jugendliche mit seinen typischen Pubertätskonflikten innerlich nicht fertig, kann sich seine Pubertätsneurose fixieren und vertiefen, kann weiter bestehenbleiben und Unheil stiften.

---

[6] H. Behn-Eschenburg, Assistenzarzt an der Heil- und Pflegeanstalt in Herisau, engster Mitarbeiter Hermann Rorschachs, des Schöpfers des Formdeut-Tests, in seiner med. Inauguraldissertation: Psychische Schüleruntersuchungen mit dem Formdeutversuch, Bern und Leipzig 1921.

Die Angst halbwüchsiger Knaben stammt nicht allein aus somatischen Quellen. Es genügt nicht, zu erklären: dem Pubertierenden ist von der Gesellschaft aus versagt, verboten, seine Sexualität an entsprechenden Objekten abzuführen, deswegen stauen sich die Triebenergien, werden verdrängt und wandeln sich in Angst um, die dann wieder auf irgendeine Weise bewältigt werden muß. Wie Statistiken berichten, helfen sich fast alle Jugendlichen mit Onanie [7]. Die Absättigung sexueller Begierden auf dem Wege der Selbstbefriedigung beseitigt jedoch die Angst nicht, eher beobachtet man eine gegenteilige Wirkung. In der Regel entstehen tiefe Schuld- und Versündigungsgefühle und vermehrte Angst (weil die unbewußten Onaniephantasien sich meist auf inzestuöse Objekte beziehen).

Was der Halbwüchsige erlebt, ist eine innere und teilweise unbewußte Auseinandersetzung mit seinen nächsten Blutsverwandten und mit der Gesellschaft. Man könnte sagen, diese sei nur eine Stellvertreterin der Blutsverwandten — ihre Verbote, Gebote und so weiter sind Ersatz für das, was ursprünglich der Vater verbietet und gebietet. Die autoritative Funktion der Gesellschaft erlebt der Knabe zuerst in seinem Verhältnis zum Vater.

Der Knabe ist vor die Aufgabe gestellt, sich mit dem Vater zu identifizieren. Gelingt ihm dies, dann identifiziert er sich auch mit dessen moralischen Anforderungen — er ist „angepaßt". Scheitert er aber, dann entwickeln sich bekanntlich Neurosen, Perversionen und Kriminalität, oder der Heranwachsende regrediert bis in die Psychose.

Die erste „Blüte" der Auseinandersetzung des Knaben mit seinem Vater beobachtet man im Alter von ungefähr fünf Jahren. Zu dieser Zeit äußert fast jeder Junge direkte oder indirekte Haßregungen gegen den Vater. Er wünscht den Vater weg und will mit der Mutter allein sein, sie für sich allein haben. Zugleich macht er sich darüber Gewissensbisse, weil er den Vater nicht nur haßt, sondern auch liebt. Die Gefühlseinstellung ist ambivalent.

---

[7] Es sei an den „Kinsey-Report" und ähnliche Erhebungen erinnert.

Ein viereinhalbjähriger Bub sitzt bei seiner Mutter, einer Heimarbeiterin, und beginnt plötzlich laut und ängstlich zu weinen. Die Mutter frägt: „Was ist los, weshalb weinst du?"

Der Kleine heult: „Ich muß immer denken, der Vater sei ein ‚Cheib'!" („Cheib" ist ein schweizerisches Schimpfwort und bedeutet Kadaver eines Tieres.) „Das plagt mich!" erklärt der Bub. „Der Vater ist doch kein Cheib, ich hab ihn so lieb!"

Man sieht deutlich den Ambivalenz- und Ödipuskonflikt. Bewußt und akzeptiert daran ist die Liebe zum Vater. Verdrängt, unbewußt ist der Haß. Das Verdrängte bricht als Zwangsgedanke durch: der Vater ist ein Tierkadaver. Er wird also totgewünscht. Nebenbei zeigen sich totemistische Auffassungen des Söhnchens, seiner Denkstufe entsprechend: aus dem Vater wird ein Tier gemacht [8]. Das Gewissen revoltiert gegen den Zwangsgedanken. Die Abwehr der „kriminellen" gegen den Vater gerichteten Regung wird durch das ängstliche Weinen deutlich. Die Mutter, eine einfache Arbeiterfrau, findet intuitiv-naiv den richtigen Weg, das Büblein zu trösten. „Das macht nichts!" versichert sie dem Kleinen. „Laß es nur geschehen — und am Abend wollen wir zum lieben Gott beten, daß er dir die bösen Gedanken nehme! Es ist der Teufel, der sie dir eingibt!"

„Glaubst du, der liebe Gott helfe?" fragt der Bub.

„Aber ganz gewiß, du wirst sehen!" Am Abend betet man gemeinsam, und wirklich, die von der Mutter erteilte Suggestion wirkt, der „Vater im Himmel" ist gnädig, der Bub äußert seinen Zwangsgedanken nicht weiter, weint auch nicht mehr, vergißt, was ihn plagte, wird wieder ein fröhliches Kind. Nur ein einziges Mal kommt er auf seine Zwangsidee zurück. „Ich weiß es jetzt", sagt er, „der Teufel ist ein Cheib, nicht der Vater!"

Er hat ein „erlaubtes" Objekt für den aggressiven Teil seines Ödipuskomplexes gefunden und kann sich deshalb mit dem Vater

---

[8] Völker auf der totemistischen Entwicklungsstufe behaupten, von einem Tier-Urvater abzustammen. Sie benennen ihre Sippe mit dem Namen des Totemtieres, sich selber als „Bären", „Wölfe", „Adler", „Schlangen" usw.

aussöhnen. Die infantile Zwangsneurose löst sich auf. Für den Knaben sind Gott und Teufel Ersatzobjekte für den Vater: Gott ist der Teil, den das Büblein lieben, der Teufel der andere Teil, den es hassen kann. Damit vermag der Sohn Distanz zu nehmen von seinen durch Ambivalenz gekennzeichneten Beziehungen zum leiblichen Vater. Der Projektionsvorgang, Gott—Teufel betreffend, gestattet dem Knaben die vorläufige Erledigung seines Ödipuskonfliktes, und die Helferin dabei ist die Mutter. Ihr müssen wir das Lob singen. Obgleich sie keine psychologische oder gar tiefenpsychologische Bildung besitzt, spricht sie im richtigen Augenblick das erlösende Wort aus.

Für den Knaben tritt nun die „Latenz-Zeit" ein. Erst dann, wenn er in die Pubertätsjahre kommt, werden die ödipalen Regungen reaktiviert und müssen neu bearbeitet werden. Der gleiche Knabe, der als Viereinhalbjähriger an Zwangsgedanken litt, produzierte mit fünfzehn Jahren offene Inzestträume. Sie erschreckten ihn nicht, er wunderte sich nur darüber, und sie verschwanden wieder, als er sich in ein Mädchen aus seiner Nachbarschaft verliebte. Trotzdem war er nicht ganz ohne Angst. Denn er las mit Vorliebe Schundromane, wobei er sich mit den Helden in den Geschichten identifizierte.

Martin Schafroth geht einen Schritt weiter: er produziert selber einen Schundroman. Sein Inhalt entspricht durchaus dem anderer Schundromane. Es liegt nahe, ihn anhand der Traumdeutungs-Technik und an Analogien zu deuten. Außerdem steht uns von Martin weiteres Material zur Verfügung.

Über manifeste Angst hat mir der Bub einmal geschrieben:

„Ich eilte die Treppe hinunter in den Keller, um eine Büchse Bohnen zu holen. Es war am Abend und schon ziemlich dunkel, ich hatte sehr Angst. Denn jedesmal, wenn man mich in den Keller schickte, sah ich da und dort eine schwarze Gestalt lauern. Aber man lachte mich aus, wenn ich voller Schrecken und unverrichteter Dinge zurückkam, man schickte Otto hinunter, und der hatte keine Angst. Wenn der es wagt, dachte ich, dann muß ich es auch wagen. Schon stand ich an der Türe und öffnete sie unter großem Herzklopfen. Sofort sprang ich wieder zurück. Denn hinten in der Ecke hatte ich ein schauriges Gespenst gesehen. Ich atmete tief und dachte: soll ich hinein, oder soll ich dem Vater rufen? Aber dann sagt er, ich sei ein Angsthase, und auch die anderen lachen mich aus. — Schweren Herzens wählte ich das erstere. Hastig stieß ich die Tür wieder auf und lief, ohne mich umzublicken, hinein zur Hürde, wo die Büchsen stehen. Aber schon krachte etwas hinter mir. Einen Augenblick war ich zu Tode erschrocken und gelähmt. Da dachte ich, es könnte nur die Tür gewesen sein, die den Lärm gemacht hat, und ich müßte hinsehen, ganz gleich, ob mich das Gespenst oder der Teufel nehme. Ich drehte mich gegen die schwarze Ecke und ging auf das Gespenst zu. Mein Herz klopfte zum Zerspringen, aber ich dachte, es muß sein. Hinten stand aber kein Gespenst und kein Teufel, es war nur so ein Schatten, der sich bewegte, wenn ich mich bewegte. Ich mußte laut lachen, so laut und so lange, daß sie es oben hörten und kamen, um zu sehen, was ich zu lachen habe. Ich sagte nicht, warum, ich lachte weiter und ging mit der Büchse hinauf. Der Vater brummte, ich sei ver-rückt geworden. Am andern Tag, als es wieder etwas aus dem Keller zu holen gab, meldete ich mich freiwillig. Die Mutter war erstaunt und blickte mich groß an. Ich habe jetzt wirklich keine Angst mehr, in den Keller zu gehen."

Es ist interessant und für Martins Art charakteristisch, wie er seine Phobie bezwingt. Er tut es mit zähem Willen, er zwingt sich, der Realität ins Auge zu blicken, er konfrontiert seine Angst-phantasie vom Gespenst oder Teufel mit der Wirklichkeit des Schattens in der Kellerecke. Für die Angstbewältigung ist nicht ausschlaggebend, daß anstelle des phantasierten Angstobjektes nur der eigene Schatten erkannt wird — sondern die Tatsache, daß der Geängstigte imstande ist, sich dem „Gespenst" zu stellen, was auch geschehen möge.

Wen mag das phantasierte Gespenst, der Teufel, bedeuten? fragen wir uns. Gespenster und Teufel sind Abkömmlinge eines belasteten Gewissens. Sie sind Verkörperungen der Rache. Man sühnt seine Schlechtigkeit, wenn man der Hölle und dem Teufel zugewiesen wird.

Warum hat Martin, haben die Pubertierenden überhaupt ein schlechtes Gewissen?

In Martins Aufsatzheft[9] steht eine weitere Angstphantasie, die den Schundroman und den ersten Angst-Aufsatz ergänzt. Der Bub schreibt:

„Schnell schritt ich durch den dunkeln, dichten Urwald. Ich fürchtete mich sehr, denn nie vorher war ich so spät in der Nacht durch den Urwald gegangen, ganz allein. Zu meiner Beruhigung pfiff ich laut ein Liedchen, damit ich keine anderen Geräusche höre. Aber plötzlich stand ich mit einem Ruck still, und ich starrte wie gebannt in ein Gebüsch, und — weiß Gott, was es war — aber ich rannte fort, so schnell ich nur konnte und was aus meinen Beinen ging. Als ich fast keinen Atem mehr hatte, mußte ich etwas langsamer laufen, aber mein Herz klopfte mir wie ein Hammer, und ich durfte mich nicht umsehen. Ich wußte nicht, was ich gesehen hatte — ich glaubte, es sei ein Wolf gewesen. Plötzlich hörte ich hinter mir ein hastiges, regelmäßiges Schnaufen. Als wäre der Teufel hinter mir her, rannte ich den Wald hinunter. Schon glaubte ich, das Untier würde mich im nächsten Augenblick packen, da sah ich eine Lichtung und darin ein Bauernhaus. Ich hielt darauf zu und in den Hausgang hinein, dann warf ich die Türe ins Schloß. Schon hörte ich die Tatze des Wolfes an der Schwelle scharren, darum rief ich aus Leibeskräften: ‚Kommt, ein Wolf! ein Wolf!‘ Sofort kamen der alte Bauer und sein junger

[9] Es handelt sich um sogenannte „freie" Aufsätze, das heißt um völlig freiwillige Niederschriften vertraulichen Charakters, die ich von meinen Schülern zu kathartischen Zwecken machen lasse, sobald die Übertragung tragfähig genug geworden ist.

Knecht. Sie hatten Gewehre, und mit vereinten Kräften erschossen sie das reißende Tier. Dann aber sprach der Bauer, mich durchdringend anschauend: ‚Wir haben dich gerettet, dafür bist du jetzt unser Sklave!' — Ich erschrak und sah ein, daß ich vom Regen in die Traufe geraten war. Erst jetzt merkte ich, daß die zwei Männer verkleidete Räuber waren, und hätte ich eine Pistole gehabt, würde ich sie auch gerade erschossen haben, aber ich war wehrlos. Also mußte ich bleiben und gehorchen. Sie befahlen mir, alle Arbeiten zu machen, während sie auf der faulen Haut lagen. So wurde ich nach und nach stark, sogar stärker als sie. Ich kundschaftete das Haus aus, und eines Tages nahm ich die Gewehre und sämtliche Munition und sagte ihnen, ich ginge jetzt aus dem Wald, und sie sollten schön ruhig im Haus bleiben und sich nicht blicken lassen. Denn wenn sie mich verfolgten, so würde ich sie niederschießen. Jetzt bin ich so stark, dachte ich, daß ich mich vor Wölfen und Räubern nicht mehr zu fürchten brauche, und mit meinen Waffen töte ich alles, was mir in den Weg kommt."

Der Aufsatz, offenbar ein Tagtraum, gleicht dem erzählten Angsttraum, worin berichtet worden ist, wie Martin flüchtet und auch „vom Regen in die Traufe" gerät — die Verfolger finden immer wieder sein Versteck. Im Aufsatz wechselt der Verfolger seine Gestalt. Erst ist er ein Wolf, dann ein verkleideter alter Räuber und sein Gehilfe.

Müssen uns da nicht die zwei Räuber in Martins Schundroman einfallen? Warum die Verdoppelung der Verfolger, und weshalb ist immer der eine älter und der Anführer, der andere jünger oder der Untergebene? Was hat es für einen tieferen Sinn, daß Martin zum Sklaven degradiert wird, der alle Arbeiten verrichten muß, während die anderen auf der faulen Haut liegen?

Wer liegt denn in Martins Wirklichkeit auf der faulen Haut, während er „alles machen" muß? Wer ordnet ihm die Arbeit zu? Ist der eine nicht der jüngere Bruder, Otto, gegen den sich des älteren Eifersucht, Geschwisterneid richtet? Und ist der andere nicht der Vater, der befiehlt, und der seinen jüngeren Sohn dem älteren gegenüber vorzieht und in Schutz nimmt?

Wir sehen in Martins Schundroman die Auseinandersetzung mit dem Vater und mit dem Bruder. Beide werden „entfernt", zwanzig Jahre lang hinter Schloß und Riegel gesteckt. Die Strafe wird an einem Mordversuch und an einem Raube rationalisiert.

Wenn Vater und Bruder weg sind, ist Martin mit der Mutter allein. Die Mutter, das heißt Ersatzpersonen für die Mutter, finden sich im Schundroman keine, weibliche Personen sind nicht erwähnt. Wir könnten jedoch das Eindringen in ein fremdes Haus — es geht durch einen langen und finsteren Gang — gestützt auf Analogien bei Traumdeutungen, als Besitzergreifung der Mutter auffassen. Dabei sind wir uns bewußt, daß es gefährlich sei, nur Analogien zu brauchen. Wir sollten Assoziationen Martins zu seiner Schundroman-Phantasie haben. Wir haben sie jedoch nicht. Als Lehrer liegt mir nicht ob, die Schüler zu „analysieren" — es wäre kaum in ihrem Interesse, denn sie sind „normale" Kinder, deren Unbewußtes man nicht „aufrühren" soll.

Gehen wir der Vermutung ein wenig nach, das „kleine Häuschen", in das Martin eindringt, habe die sinnbildliche Bedeutung der Mutter. Ein kleines Mädchen sagte zu seiner Mutter: „Du bist wie ein Haus — du bist mein Haus — wenn ich bei dir bin, bin ich zu Hause!"

Für das Unbewußte steht „Haus" oft für „Mutter". Es könnte auch bei Martin so sein. Er bezeichnet das Häuschen als ein „kleines" — und seine Mutter ist wirklich eine kleine, rundliche, nette Frau.

Falls für Martin die unbewußte Gleichung „Mutter = Haus" Geltung hat, erklärt sich der Romanpassus des Eindringens in das Häuschen als Andeutung der Besitznahme der Mutter.

Dunkle Gänge, Höhlen, Räume in Ruinen sind immer wiederkommende Orte in Schundromanen. Der Held sucht darin seinen Widersacher, oder er wird von diesem darin gefangengehalten und befreit sich daraus mit Mühe und Not. Die entsprechenden

Schilderungen gleichen denen von Geburtsträumen, wobei Eindringen und Sichbefreien genau das gleiche bedeuten. Es handelt sich meist um Angstträume: die Räume stürzen ein, der Gang ist eng und verursacht beim Durchschlüpfen Atemnot. Die Träume sind mit ähnlichen angsthaften Sensationen verbunden wie die bei der Geburt erlebten, und die hinter dem Träumer einstürzenden Höhlen, Gänge usw. können als Symbole intrauteriner Räume verstanden werden. Geburtsträume, Wiedergeburtsträume bestätigen dies hundertfach.

Der dunkle Gang, in den Martin eindringt, um dann die Räuber zu überwältigen, könnte ein Zeichen dafür sein, daß den Halbwüchsigen das Wiedergeburtsthema unbewußt beschäftigt. Die Pubertät wird nachträglich nicht so gar selten als „Wiedergeburt" bezeichnet und erlebt. Daß im Schundroman die weiblichen Personen fehlen, wundert uns nicht. Manch ein Jugendlicher weicht inzestuösen Phantasien aus, indem er die Frau überhaupt leugnet — im extremen Falle wendet er sich homosexuellen Objekten zu. Daß Martin im Roman keine Frau auftreten läßt, illustriert nur die Intensität seiner Inzestscheu.

Wir sehen in Martin Schafroth einen sprachlich begabten vierzehnjährigen Halbwüchsigen, der sich mit seinen Pubertätsnöten auseinandersetzt und sie mit Schund-Phantasien zu bewältigen sucht. Im Vordergrund steht der Ödipuskomplex; er wird an zwei Generationen, am Vater und am jüngeren Bruder, abgewandelt und weckt Gewissensangst; in den Phantasien wird diese geleugnet; der Bub, der in Wirklichkeit eher ein Schwächling ist, wandelt sich in der Phantasie zum Helden, der der Gerechtigkeit zum Durchbruch verhilft. In kaum verhüllter Symbolik werden aus den Objekten der Eifersucht Räuber und Mordgesellen gemacht, die der Held beseitigt. Mit der Ablenkung des Ödipusproblems auf Ersatzfiguren gelingt dem Jugendlichen vor allem die Bewältigung seiner Angst.

Der junge Schundromandichter ist heute fünfundzwanzig Jahre alt. Er machte eine Schriftsetzerlehre durch und gilt in einer Druckerei als geschätzter Arbeiter. Auch sein Vater zollt ihm Anerkennung, was bewirkte, daß sich beide innerlich miteinander aussöhnten: eine herzliche Freundschaft verbindet sie.

Es wäre also irrig, zu glauben, der Dichter unseres Schundromans sei ein abnormer Mensch, und seine Phantasien seien atypische Einzelerscheinungen, die für andere Halbwüchsige keine Geltung haben.

Bernfeld hat einst den bedeutsamen Satz geschrieben: „*Noch* kriminellere Impulse werden durch die Schund-Phantasie abgeführt und erledigt, unschädlich gemacht!" Er hat zweifellos recht. Aber wir können aus seiner Erkenntnis nicht den Schluß ableiten, den Schundromanen komme eine psychohygienische Bedeutung zu. Die *pädagogische Konsequenz* ist eine andere: der Erzieher muß dafür sorgen, daß der Jugendliche auf irgendeinem *sozialen Gebiet* — daß er in sozial einwandfreiem Sinne irgendwo *seinen Mann und Helden stellen kann, real* in der Arbeit; dies befriedigt ihn stärker als alle Phantasien — von denen er sich inne ist, daß sie irreal sind.

Den Schundroman lehnen wir ab, weil er *verlogen* ist. Den männlichen Lesern schwindelt er — via Identifikation — ein angstfreies Leben vor, den weiblichen (z. B. die von Mädchen so beliebten Courths-Mahler-Romane) den Aufstieg aus einem Aschenbrödel-Dasein in eine höhere Gesellschaftsschicht — letztlich Überreste ehemaliger Mädchenwünsche, ein Knabe zu sein, die Kastrationsidee — also wieder Angst! — zu beseitigen, inexistent zu machen.

ACHTES KAPITEL

Über ein Angstabwehr-Syndrom

„Mir grauet vor der Götter Neide!"

In der Psychoanalyse tritt der Begriff der *Abwehr* als allererster Vertreter einer dynamischen Auffassung des Seelischen auf. Freud formuliert, „daß er die allgemeine Bezeichnung für alle die Techniken sein soll, deren sich das Ich in seinen eventuell zur Neurose führenden Konflikten bedient".

Abwehrmechanismen dienen dem Schutz des Ichs gegen Triebansprüche, und bestimmten seelischen Affektionen entsprechen für sie charakteristische Abwehrorganisationen. So bedient sich die Hysterie der *Verdrängung* als Abwehr; die Zwangsneurose arbeitet mit der *Regression,* der reaktiven Ich-Veränderung *(Reaktionsbildung),* der *Isolierung* und dem *Ungeschehenmachen.* Andere Abwehrmechanismen sind *Introjektion* oder Identifizierung und *Projektion* bei Eifersucht, Paranoia und Homosexualität; *Wendung gegen die eigene Person und Verkehrung ins Gegenteil* wurden als *Triebschicksale* beschrieben; schließlich kennen wir in der Psychologie der Normalen die Verschiebung des Triebzieles, die *Sublimierung* als Abwehrorganisation [1].

Die Triebabwehr geschieht aus dreierlei Gründen. Insbesondere beim Kind hat sie den Zweck, *Realunlust und Realgefahr* abzuwenden, die sich als Gegenreaktionen der Umwelt einstellen, sobald den Trieben Aktionsfreiheit gewährt würde. Das Ich des erwachsenen Neurotikers wehrt die Triebansprüche darum ab, weil sie mit dem strengen *Über-Ich* (Gewissen, Moral usw.) in Konflikt stehen. Aus demselben Grunde, nämlich um den Konflikt zwischen

---

[1] Diese knappe Zusammenfassung lehnt sich an die Ausführungen in Anna Freuds Buch „Das Ich und die Abwehrmechanismen" (Wien 1936) an, woraus sich auch die Anregung zu dieser Arbeit ergab.

Trieb- und Über-Ich-Ansprüchen zu lösen, bedient sich der Normale der Sublimierung. Endlich wehrt das Ich die Triebe noch aus *Angst vor der Triebstärke* ab; warum es dies tut, ist dunkel geblieben; wir wissen nur, daß bei freiem Gewährenlassen der Triebe das Ich angsthaft seine Überwältigung und Vernichtung oder, um mit Waelder zu sprechen, die Gefahr erwartet, „in seiner Organisation zerstört, überflutet zu werden".

Zu diesen drei Gründen für die Triebabwehr kommt mit dem entwickelteren Ich ein weiterer hinzu: dessen *Bedürfnis nach Synthese.* Alle seelischen Regungen sollen miteinander irgendwie übereinstimmen. Die Triebabwehr dient im großen und ganzen der Einordnung unter das Realitätsprinzip und hat die Absicht, sekundäre Unlust zu vermeiden. Die Abwehrorganisationen gegen Trieb und Affekt lösen sich nun häufig von ihrer Ursprungssituation los; aus mehr spontan-passageren werden sie zu dauernd wirkenden Mechanismen und konstituieren sich als Charakterzüge, die am betreffenden Menschen besonders kräftig oder auffällig hervortreten. Derartige, den Charakter eines Trägers einheitlich bestimmende Abwehrsyndrome hat Reich als „Charakter-Panzerung" bezeichnet. Einer solchen wollen wir nun näher auf den Leib rücken.

Im alltäglichen Leben stoßen wir nicht selten auf Menschen, für die charakteristisch ist, daß sie

a) ihrer beständigen *Unheil-Erwartung* Ausdruck geben müssen,

b) eintretenden oder bereits vorhandenen *Glücksfällen argwöhnisch mißtrauen* und

c) merkwürdigerweise und im Gegensatz zu anderen Leuten immer das *Unglück herbeiwünschen.*

Sie verhalten sich gleich oder ähnlich wie der ägyptische Gastfreund *Amasis* in Schillers Ballade „Der Ring des Polykrates". Wir wollen uns deren Inhalt kurz erinnern.

Der Dichter entnahm den Balladenstoff einem Berichte von

Herodot. Der Tyrann von Samos, Polykrates, war ein Empor-kömmling, der ums Jahr 533 v. Chr. ein großes Seereich gründete. Er besiegte Milet und Lesbos und führte einen glänzenden Hof. Sein Gastfreund Amasis oder Amosis II („Mondgeborener"), der die Griechen verehrende (spätere) Ägypterkönig, war wie Poly-krates ein Emporkömmling. Sein Herr, der Pharao Apries, sandte den Feldherrn Amasis zur Unterwerfung einer Militärrevolte aus. Aber Amasis stellte sich an die Spitze der Aufständischen, be-mächtigte sich des Thrones und entfaltete wie der Tyrann auf Samos eine große Pracht.

In der Schillerschen Ballade steht Polykrates mit seinem Gast-freund auf den Zinnen seines Palastes, überblickt „mit vergnügten Sinnen" seine Reichtümer und verlangt von Amasis das Geständ-nis seines Glückes. Der Ägypter ist mißtrauisch und macht Ein-wände: ein Feind ist noch unbesiegt, die Flotte ist noch nicht in den Hafen zurückgekehrt. Im gleichen Augenblick jedoch landet diese, mit Schätzen reich beladen, an der Reede, und ein Bote er-scheint vom Schlachtfeld und bringt das abgeschlagene Haupt des Gegners.

Statt sich über so viel Glück zu freuen, graut dem Gastfreund vor dem *Neide der Götter*. Auch ihm seien die Himmlischen wohl-gesinnt, erklärt er rühmend; aber: er hat *seinen Sohn sterben* sehen. „Dem Glück bezahlt ich meine Schuld!"

Amasis gibt Polykrates den dringenden Rat, die Unsichtbaren an-zuflehen, „daß sie zum Glück den Schmerz verleihn". Noch besser sei es, wenn der Grieche *das Unglück selber herbeirufe;* er möge das, *was sein Herz am höchsten erfreut,* als *Opfer* ins Meer werfen.

Polykrates, von Furcht angesteckt, wirft seinen kostbaren *Ring* in die Flut: er soll den *Erinnyen,* den Rachegöttinnen, geweiht sein. Das Kleinod wird am nächsten Tage von einem Fischer im Magen seines Fanges gefunden und dem Tyrannen zurückerstattet. — Amasis ist darob entsetzt und überzeugt, daß die Götter das Verderben seines Freundes beschlossen haben, da das Opfer von ihnen nicht angenommen wurde. Um „nicht mit dir zu *sterben*", flüchtet der Ägypter in sein Land zurück.

Die Verszeile „Mir grauet vor der Götter Neide" haben wir uns zur Überschrift dieses Kapitels gewählt, weil sie das rationalisierte Motiv für die Verhaltensweise jener Menschen umreißt, die wie Amasis reagieren und die wir in der Folge als *Amasistypen* bezeichnen wollen.

Man wäre versucht, solche Leute einfach für Pessimisten zu halten, welche die Welt als unverbesserlich schlecht und das menschliche Dasein als eine Tragödie ansehn. Aber der Pessimist wünscht trotz seiner Schwarzseherei das Unglück nicht direkt herbei: er hat offenbar genug an dem, das er durch die dunkle Brille seiner Weltanschauung als vorhanden feststellt.

Der richtige Pessimist unterscheidet sich vom Amasistyp grundsätzlich noch in anderer und für seine Charakteristik gewichtigeren Weise. Er ergibt sich *passiv* in einen Weltzustand, der ihm unabänderlich erscheint. Der Amasistyp jedoch spielt nur äußerlich den Pessimisten, heimlich aber greift er *aktiv* in sein Schicksal ein: er fühlt wie Amasis die Fähigkeit in sich, durch eine rechtzeitige Flucht ins gelobte Land Ägypten oder durch andere Maßnahmen das Unheil von seinem Haupte abzuwenden, oder sogar den Lauf der Dinge in seiner näheren und ferneren Umwelt mit souveräner Überlegenheit zu lenken, indem er die Macht des schlimmen Schicksals überlistet.

Er gibt niemals zu oder läßt es sich anmerken, daß er insgeheim die Fäden in der Hand hält, um den Verlauf seines Lebens so einzurichten, daß ihm ein jeglich Ding zum Besten gereichen muß; gerade die Verheimlichung seiner allmächtigen Fähigkeiten garantiert deren Fortexistenz. Würde er seine Karten den Schicksalsgöttern offen darlegen, dann wäre es um seine Allmacht geschehen.

Wir sind uns bewußt, daß die Bezeichnung „Amasistyp" nicht vollkommen die Charakterzüge umfaßt, die hinter den oben aufgezählten Eigenschaften stecken. Der Einfachheit halber jedoch benutzen wir den Ausdruck „Amasistyp" weiter, weil das Wort dem Begriffe, den wir im Auge haben, am nächsten kommt, und weil wir kein kennzeichnenderes Wort wissen. Es beschreibt den äußeren Aspekt — es zeigt den Menschen, wie wir ihn von uns aus sehen. Wie er aber innerlich aussieht, nämlich hinter seiner pseudopessimistischen Maske, das wollen wir herauszufinden suchen, indem wir uns einen Menschen eingehender betrachten, der laut seinen Äußerungen dauernd Unheil erwartet, seinen Glücksfällen nicht traut und Unglück über sich hereinwünscht.

Ein achtzehnjähriger Mittelschüler mit Namen Konrad ist mit seinem um zwei Jahre jüngeren Bruder Anton bei einer Familie in Stadtnähe untergebracht worden, von wo aus die beiden Jünglinge Schulen (das Gymnasium) besuchen können, wie sie in der Umgebung ihres Elternhauses nicht vorhanden sind.
Der Großvater väterlicherseits war ein Arbeiter, der nebenbei ein kleines Bauernwesen besorgte. Sein Sohn, dem die beiden Brüder Konrad und Anton entstammen, erlernte ein Handwerk, schwang sich kraft seines zähen und soliden Arbeitswillens, seiner Umsicht und Klugheit, und weil die Zeitumstände seinen Unternehmungen günstig waren, in raschem Aufstieg zum Fabrikbesitzer und zur Wohlhabenheit empor. Er gilt als ruhiger, geachteter Bürger, dessen Wort in der Gemeinde geschätzt wird; ihm wird nachgerühmt, er sei am Morgen der erste in seiner Fabrik, und sei der letzte, der sie am Abend verlasse; er zeichne sich durch Gutherzigkeit seinen Mitarbeitern gegenüber aus und werde von ihnen als „der Alte" fast patriarchalisch respektiert. Die Mutter ist eine tüchtige Hausfrau, ihrem Gatten gegenüber weich und anlehnungsbedürftig, und stolz auf ihn, weil er es so weit gebracht hat in seinem Leben; gern überläßt sie ihm die Führung, weil der Erfolg seinen Dispositionen immer recht gab.
Beide Eltern bedauern, daß ihre Söhne eine wissenschaftliche Lauf-

bahn einzuschlagen beabsichtigen; lieber wäre ihnen gewesen, wenn Konrad und Anton, oder doch einer von beiden, sich für die spätere Übernahme des väterlichen Geschäftes entschlossen hätte; ein weiterer Stammhalter, der die Wünsche der Eltern hätte erfüllen können, ist nicht vorhanden; das letzte Kind, zehn Jahre jünger als der Zweitgeborene, ist ein Mädchen. Schließlich verzichteten die Eltern auf ihre besonderen Wünsche, und da sowohl der ältere als auch der jüngere Bub in den Schulen leicht vorwärtskamen, söhnte man sich mit dem Gedanken aus, daß sie Wissenschaftler werden wollten. Zu guter Letzt waren die Eltern sogar stolz darauf und unterließen nichts, um die Kinder zu fördern.

Während der jüngere Sohn ein frohmütiger, unter gegebenen Umständen aggressiver Bursche ist, dem alles leicht und wie im Spiel von der Hand geht, zeigt der ältere, der feinere Konrad, gern eine trübe Miene, ist wohl wie sein Bruder großzügig in seinen Zielen und Ideen, aber im Gegensatz zu Anton eher nörglerisch im Ausbau; er weicht heftigen Szenen aus und verhält sich eher vermittelnd-diplomatisch als offen aggressiv. Nie mit sich selber zufrieden, bemängelt er seine Fähigkeiten und mißtraut seinen Erfolgen. So ist er beispielsweise trotz seiner vorzüglichen Schulleistungen angeblich von seinem Begabungsmangel überzeugt; seine guten Zeugnisnoten seien „eigentlich ungerecht", äußert er sich; der und jener Lehrer sei ihm besonders gut gesinnt und bevorzuge ihn den Kameraden gegenüber; glänzt er bei einer Klausurarbeit, dann sei dies nur die Wirkung seines Fleißes und weniger das Produkt eigener Denkleistung als eines mühevoll angestrengten Gedächtnisses; aber auch dieses sei mittelmäßig und reiche nur aus, um Inhalte zusammenzusetzen oder wiederzugeben, die aus Büchern „zusammengestohlen" oder irgendwo aufgeschnappt wurden. Obschon Konrad in seiner Schule eine Preisarbeit nach der andern gewinnt, meint er, eines Tages werde seine intellektuelle Minderwertigkeit doch ans Tageslicht kommen müssen.

Woher sollte mir wirkliche Geistigkeit zukommen?" fragte er, wenn sich jemand mit ihm in eine Diskussion über seine Fähigkeiten einläßt. „Der Vater ist ein emporgekommener Geschäftsmann, der seine Erfolge dem günstigen Zufall verdankt. Es braucht nur eine Krise einzutreten, und dann wird von dem, was er erreicht hat, nichts mehr übrig sein. Und die Mutter ist eine ganz alltägliche Frau, ohne jegliche geistige Aspirationen. Sie könnte ebensogut die Gattin eines der Arbeiter in Vaters Fabrik sein. Ich will damit meine Eltern nicht heruntersetzen, aber wie sollte aus einer solch gewöhnlichen Erbmasse etwas intellektuell Hervorragendes entstehen können? Übrigens ist auch mein Bruder nicht mehr als mittelmäßig begabt, er weiß es nur noch nicht, der Glückliche — aber auch für ihn wird die Zeit kommen, da er es einsehen muß!"

Wird Konrad entgegengehalten, daß er, falls seine Angaben über seine geistige Potenz richtig seien, doch wohl besser getan hätte, ins väterliche Geschäft hineinzusitzen, dann schneidet er die Auseinandersetzung ab. „Das auf keinen Fall!" — Insistiert der Diskussionspartner, wird Konrad heftig und ruft aus: „Weil es mir nicht paßt, basta!" Er will sich auch nicht zu einem andern Berufe umschulen lassen. „Ich habe mir nun einmal in den Kopf gesetzt, Chemiker zu werden, und ich würde mich in Grund und Boden hinein schämen, vor meinen Vater hinzutreten und einzugestehen, meine Fähigkeiten reichten nicht aus zur Erreichung des Zieles. Soviel erstens. Und zweitens: zu einem mittelmäßigen Chemiker werde ich es immerhin bringen können, und dann ist nach außen die Fassade gewahrt. Ich halte es sogar für nicht ganz unmöglich, daß ich einst etwas Besonderes entdecke. Sie kennen ja den landläufigen Ausspruch von der blinden Sau, die auch mal eine Eichel findet!"

Einmal wird Konrad von einem Kameraden zu einem Hausball eingeladen und vernimmt, es werde unter anderem auch ein Mädchen dort sein, für das er sich interessiert. Konrad überlegt zuerst lange, ob er nicht absagen solle. „Ich werde mich doch nur blamieren!" Schließlich sagt er zu, meint aber: „Es wird schon noch etwas dazwischenkommen, daß der Ball nicht stattfinden kann oder daß ich im letzten Augenblick an der Teilnahme verhindert bin — darum schadet es ja jetzt nichts, wenn ich zusage." Der Ball rückt heran. Als Konrad schon den Mantel angezogen hat, um hinzugehen, meint er: „Zweck hat es eigentlich keinen. Sie wird mich nicht einmal ansehen!" Er meint das betreffende Mädchen. Nachher kommt er zurück und berichtet mit kaum unterdrückter Freude in sachlichem Tone, er habe mit dem Mädchen getanzt und sich gut mit ihm unterhalten. Aber gleich darauf zweifelt er wieder: Pia hat es wohl nur aus Höflichkeit getan, wenn nicht aus Mitleid, weil sie in mir einen so schlechten Tänzer hatte und es mir nicht zeigen wollte!"

Beim Abschied anläßlich eines Aufenthaltes im Elternhause schenkt ihm der Vater eine Banknote. Konrad kann sie neben seinem gewöhnlichen Taschengeld wohl verwenden und zeigt auch einige Freude. Aber diese ist anscheinend nicht ungetrübt. „Was beabsichtigt der Vater mit dem Geldgeschenk?" fragt sich der Jüngling. „Zwar — er zeigte sich nie geizig, ich muß das anerkennen, aber trotzdem —."

Hier ist beizufügen, daß sich Konrads Gedanken überhaupt sehr viel mit dem Vater beschäftigen. Alles, was dieser unternimmt, wird von dem Burschen diskutiert und kritisiert. Vor allem findet es Konrad nicht am Platz, wie sein Vater die Gesundheit auf die Probe stellt. — „Am gleichen Tag reist er in seinem Wagen nach Luzern und Zürich oder Schaffhausen, und zurückgekehrt, sitzt er noch stundenlang und in die halbe Nacht hinein im Büro — mich nimmt nur wunder, wie lange es ein Mensch wie er aushalten kann!" Hinter der leicht spöttischen Rede verbirgt sich ebensoviel Bewunderung und Sorge als Ablehnung. Jedenfalls ist Konrad der Vater viel weniger gleichgültig, als er laut und gern behauptet. Wäre der Ton anders, in dem er über den alten Herrn redet, dann wäre glaubhaft, der Sohn liebe ihn ganz außerordentlich.

Eines Tages wird Konrad mit einigen Kameraden von seiner Klasse zu einem sportlichen Wettkampf abgeordnet. „Sie sind betrogen mit mir!" prophezeit Konrad. „Wir werden meinetwegen die Rangletzten sein!

Nachdem die Gruppe bei den Spielen als Sieger hervorgeht, entschuldigt Konrad die Unterlegenen, sie seien „zufällig schlechter als sonst disponiert gewesen", und der Sieg sei infolgedessen nicht hoch einzuschätzen, obschon er seinen Mitkämpfern die leichterrungene Freude wohl gönnen möge; jedenfalls gebe er, Konrad, sich keinerlei Illusionen hin. Seinen Kameraden gegenüber äußert er sich zwar über seine Beurteilung des Sieges nicht. Denn trotz seines „Pessimismus" ist er kein Spielverderber, kein unleidlicher Mensch. Er erweckt eher den Eindruck eines Stoikers, den weder Glück noch Unheil aus seiner kontemplativen Zurückhaltung hervorlocken. Hie und da zeigt er sogar Anzeichen von trockenem Humor, z. B. dann, wenn er mit einem Aufsatz oder einer andern Schularbeit bis zum letzten Augenblick gezögert hat, um sie dann in einem großen Wurf während einer Nacht fertigzubringen. Dann spottet er am Morgen über sein langes Zurückhalten und plötzliches Produzieren, aber auch über alle die Leute, die geglaubt hatten, er werde diesmal versagen, zu spät kommen.

Mehr oder weniger geistreiche, oft wenig salonfähige (anale) Witze macht er über andere seiner Eigentümlichkeiten. Ihn befällt beispielsweise von Zeit zu Zeit der Fimmel, in seinem Zimmer peinliche Ordnung zu machen; aber in kürzester Frist ist die Ordnung wieder einem Durcheinander von Büchern, Tabakspfeifen, Heften, Kleidungsstücken, Zeichenmaterial, Bunsenbrenner, Gläschen und Fläschchen usw. gewichen, und er behauptet, ein Fremdling wäre in seiner „Bude" ohne Kompaß und Gasmaske verloren.

Ein einziges Mal sah ich ihn aufgeregter, verstimmter und gereizter, als er sich normalerweise zeigte. Bei Anlaß eines kirchlichen Festes war er mit seinem Bruder zusammen während ein paar schulfreie Tage zu Hause gewesen und kehrte mit der Nachricht zurück, der Vater sei eines Magenleidens wegen in ein Spital eingeliefert worden und müsse sich operieren lassen. — „Es handelt sich sicher um Krebs!" meint Konrad. „Der Arzt sprach zwar kein Wort davon — aber man kennt ja die Ärzte: in solchen Fällen wird die schlimme Wahrheit verheimlicht, um die Angehörigen nicht zu beunruhigen."

„Mach dir doch keine solchen Sorgen!" fordert ihn sein Bruder auf. „Es sei nur ein kleines Geschwür, das entfernt werden müsse — dies und nicht etwas anderes hat der Arzt mitgeteilt!"

Konrad lächelt traurig. „Ich habe es der Miene des Doktors wohl angesehn, wie es um den Vater steht! Überlebt er die Operation, dann folgt eine kürzere oder längere Zeit des Dahinsiechens, so ist es bei Krebsfällen immer!"

Tags darauf meldet Anton ganz entsetzt, der Bruder habe einem Schulkameraden gegenüber geäußert, er wünsche, daß der Vater sterben könne, das sei besser als allmähliches Dahinsiechen.

So gut dieser Todeswunsch rationalisiert ist, wir meinen, er deutet doch auf schwere Störungen im affektiven Verhältnis zwischen Sohn und Vater hin. Sie konnten uns schon bei der Geschichte mit der Banknote auffallen. Wir können jetzt auch vermuten, die Tatsache, daß Konrad nicht ins väterliche Geschäft eintreten wollte, beruhe im Grunde auf dem gleichen Konflikt. Aber wir wollen uns darüber vorläufig keine weitern Gedanken machen und die Haltung Konrads noch ein Stück weiterverfolgen.

Es kommt der Bescheid, der Vater sei glücklich operiert worden und befinde sich auf dem Wege der Besserung. Konrad lächelt einen Augenblick wie triumphierend. Dann verdüstert sich seine Miene wieder. „Es können leicht Komplikationen hinzukommen!"

Später telephoniert der Vater aus einem Kurort, er sei nach einer kurzen Rekonvaleszenz eben im Begriffe, völlig wiederhergestellt heimzukehren und seine Arbeit wiederaufzunehmen. Konrad beglückwünscht den Vater. Aber nachdem er den Hörer angehängt hatte, schüttelt er gewichtig seinen viereckigen Kopf: „Die Frage ist nur, ob nicht nach einem halben oder dreiviertel Jahr eine neue

Operation fällig wird, trotzdem es anscheinend nicht Krebs ist — ich traue der Sache nicht!"

Im Anschluß an diese Episode entsteht zwischen den beiden ungleichen Brüdern ein ziemlich heftiger Disput. In dessen Verlauf hält Anton Konrad vor, er sei überhaupt immer bereit, das Elternhaus und insbesondere den Vater geringzuschätzen, dessen Leistungen zu bagatellisieren; aber ebenso bereit sei der Bruder, all die Vorteile zu genießen, deren die Söhne kraft der väterlichen Lebenserfolge teilhaftig werden. Daheim, insbesondere gegen den Vater recht Krach zu machen, das wage Konrad nicht, da müsse schon er, Anton, kommen. Konrad begnüge sich mit hinterhältiger Nörgelei, vornherum wage er vor dem Vater nicht aufzutreten, weil er dessen Hilfe zu verlieren befürchte; und er tue dem Vater Unrecht.

Dieser Vorhalt bringt den sonst eher sanften Konrad arg in Harnisch. Es habe eine Zeit gegeben, antwortet er, da auch er im Vater einen halben Gott gesehen und da er äußeren Erfolg und äußere Machtstellung mit inneren Werten verwechselt habe. Sie sei vorüber und dürfe einst auch bei Anton vorübergehen. Übrigens sei es gar nicht wahr, daß er den Vater herabschätze. Er sei nur von der Überschätzung abgekommen. Außerdem wünsche er in Wirklichkeit niemandem Unglück. Jedoch ihm scheine besser, sich jeweilen *das Schlimmere vor Augen zu halten, um sich nachher daran freuen zu können, wenn die Tatsachen einem unrecht gäben* und sich günstiger zeigten, als man vermutet hatte. Der Disput geht weiter, und in seinem Verlaufe tut Konrad den aufschlußreichen Ausspruch: „Es gibt Leute, die reden vom Teufel, und dann kommt er. *Und es gibt Leute, die reden vom Teufel, und dann kommt er nicht. Deshalb, weil sie von ihm geredet haben!"*

Bevor wir diese bedeutsame Szene besprechen, wollen wir uns in Konrads Lebensgeschichte umsehn. Sie muß irgendwie für seine Einstellung verantwortlich gemacht werden, die so gänzlich anders aussieht als jene des Bruders.

Lange Zeit, nämlich ungefähr bis zum Eintritt der Pubertät, bewunderte und liebte Konrad seine Eltern und besonders den Vater heftig. Er traute ihm zu, alles erreichen zu können, was das Ansehen der Familie stärkte. Vaters Wille war für Konrad undiskutierbar. Der Bub wird als „gefügiges Kind" gerühmt, das „aufs Wort" gehorchte.

Immerhin machte er im Alter von etwa vier bis fünf Jahren eine kurze Trotzperiode durch. Der Trotz nahm zwar keine „lauten" Formen an und sah eher wie ein Spiel aus. Die Eltern erinnern sich einzelner Szenen. Um zu erreichen, was man von ihm haben wollte, mußte man ihm das Gegenteil befehlen. Wollte man beispielsweise, daß er von einer Speise viel esse, dann sagte man: „Diese Speise liebt Konradli nicht!" Dann war man sicher, daß er einen vollen Teller davon aß. Wollte man von dem Buben, daß er sein Spielzeug in den Schrank räume, mußte man ihm sagen: „Laß die Sachen nur liegen und komm sofort!" Darauf antwortete er prompt, er könne nicht sofort kommen und müsse zuerst das Spielzeug wegräumen usw. Eltern und Bub lachten jeweils nach solchen Begebenheiten wie in heimlichem Einverständnis.

Konrad erinnert sich solcher Szenen nur dunkel. Ihm wären die Augen über das wahre Wesen seines Vaters aufgegangen, behauptet er, als er etwa fünfzehn Jahre alt gewesen sei. Damals verlangte Anton, der in seiner Schulklasse ebenso wie Konrad immer der beste Schüler gewesen, daß ihn der Vater in ein Progymnasium schicke. Ein gleichaltriger Knabe, Sohn des Ortspfarrers, sollte eben zum gleichen Zwecke in die Stadt gegeben werden. Anton wollte gleich wie sein Schulkamerad gehalten sein. Statt dessen disponierte der Vater, wie bereits angedeutet worden ist, beide Söhne müßten einst seine Fabrik übernehmen. Der ältere sollte sich als Kaufmann ausbilden lassen, während sich der jüngere alle technischen Kenntnisse für die spätere Fabrikleitung aneignen sollte. Konrad stellte sich sofort auf die Seite seines Bruders. Es gab viele Auseinandersetzungen, bis der Vater einwilligte, den Söhnen ihren Willen zu lassen. Der väterliche Widerstand, sagt Konrad, habe sein Zutrauen erschüttert. Konrad habe damals eingesehen, daß der Vater geistiges Schaffen nicht hochschätze und nur das als Erfolg buche, was sich rasch in Geld ummünzen lasse.

Aus seiner frühesten Jugendzeit erzählt Konrad eine lustvolle Erinnerung. Die Eltern waren mit ihm auf einen Jahrmarkt gegangen, und bei diesem Anlaß hatte der Bub zum erstenmal in seinem Leben eine ganze Bratwurst essen dürfen. Dies tun zu können war schon lange sein Wunsch gewesen.

Hinter dieser „Deckerinnerung" lag ein unlustvolles Erlebnis verborgen. Nicht nur, daß Konrad bis dahin nie eine ganze Wurst hatte verzehren dürfen. Auf dem Jahrmarktplatze stand eine Bude, worin kleine Autos herumrasselten und oft zusammenstießen. Der Vater machte Konrad den Vorschlag, mitzufahren. Aber der Kleine fürchtete sich, weil er die Zusammenstöße nicht wie die Erwachsenen komisch auffaßte, und er weigerte sich mitzumachen. Da zwang der Vater den Widerstrebenden. Einmal auf dem Fahrzeug, empfand der Bub plötzlich Freude, und als die Tour beendigt war, verlangte er, nochmals zu fahren. Aber jetzt wollte der Vater nicht mehr, und als Konrad heulend und trotzig seinen Willen durchzusetzen versuchte („zwängte", wie wir in der Mundart sagen), erhielt er von der Mutter einen Klaps. Der Bub wollte sich nun erst recht nicht mehr trösten, und um ihn abzulenken, beschlossen die Eltern, ein Wirtshaus aufzusuchen. Konrad trotzte, er werde nichts essen; darauf erhielt er auf Veranlassung der Mutter seine erste „ganze" Bratwurst, die er mit Lust und Stolz verzehrte.

Kurze Zeit nachher begann jene Episode in Konrads Leben, da er immer das Gegenteil dessen tat, was die Eltern von ihm verlangten.

Wir wundern uns nicht darüber. Denn Konrad hatte bei der Jahrmarktszene das Vorbild dazu erlebt. Er wollte nicht auf die Autobahn — er mußte hingehen. Dann wollte er auf der Bahn bleiben — er mußte sie verlassen. Anläßlich der Jahrmarktszene wollte er nichts essen — da bekam er seine heißgewünschte ganze Bratwurst. Vorher, als er sich solch eine Wurst oft und laut gewünscht hatte, war sie ihm versagt geblieben. *Immer brachte ihm das Schicksal* (das heißt der *Vater*) *das Gegenteil dessen, was sein sehnlichster Wunsch war.*

Bei Anlaß der Jahrmarktautofahrt zwang der Vater seinen Buben zur *Identifizierung* mit sich. Daß diese tatsächlich stattfand, ist daraus ersichtlich, daß sich der Bub, einmal auf dem Fahrzeug, mit Freuden der Fahrt hingab und eine zweite Tour mitmachen wollte. Wir meinen: es war gewiß nicht des Vaters Absicht, den Vorgang der Identifizierung im Buben in Gang zu bringen. Was wir als psychologischen Ablauf bei Konrad schildern, ist von keinem der Partner bewußt beabsichtigt oder erlebt worden. Aber die Autoszene hat nichtsdestoweniger ihre traumatische Wirkung gehabt. Darum bricht darauf die durch Trotzhandlungen auffällige Zeit bei Konrad an. *In der Identifizierung mit seinem Vater tut Konrad immer, so wie es der Vater mit ihm gemacht hat, das, was man von ihm nicht wünscht.* Verlangt man von ihm, er solle eine Speise nicht essen, dann ißt er viel davon; verlangt man von ihm, er solle sofort kommen und sein Spielzeug liegen lassen, dann kommt er erst später und räumt vorher das Spielzeug weg, usw.

Die Eltern erraten den Mechanismus in ihrem Kinde, und um bei ihm das zu erreichen, was sie von ihm haben möchten, wünschen oder befehlen sie dessen Gegenteil.

So wie der Vater Konradli gegenüber „schlimmes Schicksal" gespielt hat, indem er immer gerade das eintreten ließ, was im Gegensatz zu des Buben Wünschen stand, so spielt nun in der Identifikation mit dem Vater der Bub auch „schlimmes Schicksal".

Wir wissen, daß jedes Kind in seiner Frühzeit eine Lebensperiode durchmacht, in der es sich als „allmächtig" vorkommt. Es schätzt seine Gedanken und Phantasien so hoch ein, als wären sie Realität. Die gleiche „Allmacht der Gedanken" ist uns am Animismus der sogenannten Primitiven auffällig. Die ontogenetische Entwicklung laufe der phylogenetischen parallel, wird behauptet, und das gleichzeitige Vorkommen animistischen Denkens bei Kindern und bei Völkern der „kindlichen" Kulturstufe scheint die Behauptung zu bestätigen.

Bei Konrad verhalten sich nun die Dinge wohl folgendermaßen: Der Bub sah schon sehr frühzeitig ein, daß er nicht allmächtig sei; nicht *seine* Wünsche wurden Wirklichkeit, sondern die des Vaters. Konrad wurde frühzeitiger als andere Kinder von der Ohnmacht *seiner* (und im Gegensatz dazu von der Allmacht der *väterlichen*) Wünsche überzeugt; denn was der Vater wünschte, das trat ein und war zwingend, undiskutierbar, unabwendbar, und stand oft im Gegensatz zu des Kindes Wünschen. Die Jahrmarktszene machte Konrad ganz besonders deutlich, wessen Wunsch und Wille Realität wurde.

Wahrscheinlich ist sie ja nicht die allererste solche Erfahrung für den Buben und auch nur eine Deckerinnerung, hinter der ähnliche Szenen und Erfahrungen verborgen sind. Aber die Jahrmarktszene zeigt uns die Erledigung eines Konfliktes so deutlich, daß wir der Erforschung früherer ähnlicher Erlebnisse Konrads nicht bedürfen. Wir wollen die Jahrmarktszene nochmals eingehend betrachten.

Sie zerfällt in zwei Teile: in ein muskelerotisches Spiel mit dem Vater, das mißglückt, weil jeder der Partner immer etwas anderes will, und Bub und Vater trotzen — und in die orale Tröstung mit der Bratwurst; die Tröstung besagt, daß die orale Stufe ein ungeschädigtes Refugium in der Mutter-Sohn-Beziehung geblieben ist, trotz des Klapses.

Wir fragen uns, worin die Störung der Vater-Sohn-Beziehung liegt. Der Vater als Erzieher hat zwei Hauptaufgaben zu erfüllen: erstens soll er eine *autoritative Instanz vertreten* und zweitens soll er *Spielkamerad* sein.

Der Ausdruck „vertreten" wurde darum gewählt, weil wir nicht ein Über-Ich *sein*, sondern *haben* sollen; in biblischer Sprache ausgedrückt: wir sollen nicht Gott sein wollen, sondern sollten lernen, uns unter seinen Willen zu beugen.

Der Vater Konrads hat sich dem Sohne gegenüber, ohne daß er es beabsichtigte, zu „gott-ähnlich" benommen, weil er von Anfang an der Maßstab aller Dinge war, bestimmte, seinen Willen in der Familie neben der fügsamen Mutter und gegen den trotzenden Konrädli, aber auch außerhalb der Familie durchsetzte, was seine geschäftlichen Erfolge beweisen.

Während des Disputes mit seinem Bruder Anton anläßlich des väterlichen Telephongespräches sagt Konrad selbst, auch er habe, wie es Anton jetzt noch tue, einst im Vater „einen *halben Gott* gesehen". Für Konrad ist der Vater zu sehr gottähnlich geworden, und darauf reagiert jeder Sohn mit Auflehnung.

Der Vater ist aber auch kein guter Spielkamerad gewesen, wie die Jahrmarktszene deutlich zeigt: er wollte immer etwas anderes, als was Konrädli sich wünschte.

Solche schlechten, väterlichen Spielkameraden sind heute nicht selten. Die meisten Väter sind tagsüber außerordentlich von ihren Geschäften angespannt. Empfinden sie das Bedürfnis, mit ihren Kindern während der Freizeit einmal zu spielen, so denken sie sich etwas aus, was wohl sie, aber nicht die Kinder interessiert, und sie setzen ihre Wünsche durch. Der allbekannte Witz, bei dem Hänschen erzählt, das Christkind habe ihm eine Eisenbahn geschenkt, weil der Vater so gern mit einer solchen spiele, enthält die ganze Tragik des Vater-Sohn-Verhältnisses in bezug auf die Spielkameradschaft.

Diese Tragik gilt auch für Konrad und seinen Vater. Die „Ur-Szene" auf dem Jahrmarkt gibt u. a. auch darüber weitgehenden Aufschluß.

Sie war für das Leben Konrads jedoch noch in anderer Weise bedeutungsvoll. In ihrem zweiten Teile, als das Gasthaus aufgesucht wird, weigert sich Konrad, etwas zu essen, und dann wird einer seiner alten, sehnlichen Wünsche erfüllt: er erhält die ganze Bratwurst. Wiederum ist das Gegenteil dessen wahr geworden, was er wollte. Aber *was* eingetreten ist, hat einen seiner längst gehegten Wünsche erfüllt. Der Bub macht die Erfahrung: was ich nicht will, das erfüllt sich. Wenn er auf den Eßwunsch verzichtet, dann erhält er gerade das zu essen, was er schon lange ersehnt hat.

Dies ist für Konrad eine Entdeckung von außerordentlicher Tragweite. Er weiß jetzt, was er tun muß, um seine Wünsche in die Wirklichkeit umzusetzen: *er braucht nur das Gegenteil dessen zu wünschen, was er eigentlich wünscht.* Plötzlich hat er erfahren, auf welchem Umwege seinen Wünschen die Macht zukommt, sich zu verwirklichen; und jetzt verstehen wir seinen Ausspruch, daß es Leute gebe, die vom Teufel reden, und dann komme er nicht — darum, weil sie von ihm geredet haben. Sie *reden also darum vom Teufel, um ihn durch ihre Rede zu bannen,* von sich abzuwenden, abzuhalten.

Wir verstehen aber noch viel mehr. Wir haben Konrad als einen *Amasistyp* bezeichnet, für den charakteristisch ist, daß er seiner Unheilerwartung beständig und laut Ausdruck verleiht, bereits eingetretenen Glücksfällen mißtraut und das Unglück herbeiruft, ohne dabei ein echter Pessimist zu sein, der das Unheil als Grundprinzip betrachtet und nicht erst noch herbeizuwünschen nötig hat.

Der Amasistyp will mit seinen drei für ihn charakteristischen Formeln das Unheil beschwören, bannen, abwenden. Er verwendet ein besonderes *Zeremoniell des Denkens,* das wie ein *Zauber* wirkt. In Gedanken und mit lauten Worten wünscht er das Unheil, weil er mit fatalistischer Sicherheit davon überzeugt ist, auf seine Weise das „schlimme Schicksal" von sich abzuhalten und vom Glück begünstigt zu werden.

Mit seinem „Aberglauben", der sich in einem in der Wirkung geheimnisvollen und allmächtigen Zeremoniell manifestiert, welches einer *Regression in die magisch-animistische Denkstufe* entspricht, überlistet er das Schicksal; er zwingt es durch „Beredung", ihm all das zu bescheren, was er sich *eigentlich* wünscht, und was er hinter dem Gegenteilwünschen als heimliches Ziel verborgen hält.

Wir haben damit schon jetzt die *zwangsneurotische Grundlage* des Amasistyps angedeutet. Die Krankheit hat ihre Symptome mehr auf der Ebene des Denkens und der Phantasie als im Bereiche der Motorik konstituiert: es kommt zu zwangshaften Denkabläufen, weniger zu Impuls- und Zwangshandlungen.

Die Regression auf eine frühere Denkstufe ist eine *Abwehrorganisation;* ihr dient das Gegenteilwünschen dessen, was man sich eigentlich wünscht. Das Ich soll vor den Eingriffen des „schlimmen Schicksals" verschont bleiben. Die Art der Abwehr hat sich im Charakter als konstant wirkender und besonders hervorstechender Wesenszug ausgebildet, sie ist zur *Charakterpanzerung* geworden.

Wenn Konrad sich dahin äußert, er sei davon überzeugt, daß er für einen intellektuellen Beruf nicht tauge, daß er es dabei nur zu Mittelmäßigkeit bringen werde, daß er seinen guten Schulleistungen nicht traue, daß er sich in Gesellschaft blamiere usw., so zitiert er den „Teufel" nur darum, um ihn von sich abzuhalten. Er kann sich später, wie er selbst sagt, daran freuen, wenn die Tatsachen seinen schlimmen Befürchtungen unrecht geben; dieser Ausspruch enthält seine eigentlichen, geheimgehaltenen Erwartungsvorstellungen.

Um das „schlimme Schicksal" abzuhalten, kann er ohne jegliche Gewissensbisse, ja *muß* er seinem Vater Tod und Verderben wünschen. An die ursprünglich beim animistischen Denken gültige Formel, daß sich Gedanken und Wünsche direkt verwirklichen, glaubt Konrad ja längst nicht mehr. Darum ist der Todeswunsch völlig ungefährlich. Er bedeutet sein Gegenteil: wenn Konrad ihn äußert, wird der Vater am Leben bleiben.

Wir können zwar (wenn wir die Ergebnisse der psychoanalytischen Forschung zu Hilfe nehmen) vermuten, daß das Unbewußte Konrads dem Vater tatsächlich den Tod wünschte und daß der bewußte und geäußerte Todeswunsch außer dem Wunsche, der Vater solle weiterleben, auch eine „Wiederkehr des Unbewußten" zum Inhalt hatte (Ödipuskomplex).

Eine Stütze für diese Vermutung besitzen wir insofern, als nachgewiesen werden konnte, daß jede zwangsneurotische Erscheinung dazu dient, unbewußte aggressive oder kriminelle Regungen vom Durchbruch abzuhalten, weil sie von den Ich-Instanzen des betreffenden Individuums heftig abgelehnt werden.

Das Abwehrsyndrom, das Konrad produziert, wird ja deutlich davon beherrscht, daß die gegen den Vater gerichteten Aggressionstriebe nicht korrekt eingeordnet werden konnten und unter Einwirkung eines ansehnlichen Über-Ichs zu zwangsneurotischen Bildungen führten. In seinem affektiven Verhalten dem Vater gegenüber zeigt sich eine auffallende Ambivalenz: Der Sohn kritisiert den Vater und will ihn nicht gelten lassen, zugleich aber ist er um ihn außerordentlich besorgt.

Andere zwangsneurotische Zeichen zeigen sich außer im geschilderten Denkzeremoniell und der Ambivalenz gegenüber dem Vater auch in der Art, wie Konrad mit seinen produktiven Kräften umgeht (er hält sie bis zum allerletzten Termin zurück, um dann plötzlich und endlich doch das von ihm Verlangte noch zu leisten); ein weiteres Symptom besteht in dem für Konrad charakteristischen Gegensatz von Großzügigkeit und Nörgelei; ein viertes in seinem beständigen Kampf mit der Ordnung — hierzu gehören auch seine zahlreichen analen Witze und schließlich sogar seine Berufswahl[2].

Daß Konrad ein Über-Ich besitzt, welches sich durch Strenge und Härte auszeichnet, darüber dürften keinerlei Zweifel bestehen; erinnern wir uns daran, welch eigensinniges Vorbild (der Vater) dem Buben zur Aufrichtung seines Über-Ichs gedient hat und wie es sich in der ehrgeizigen Selbstkritik des Achtzehnjährigen deutlich äußert: überall findet er an seinen Leistungen Mängel.

Wir haben im kleinen Konrad ein Bübchen gesehn, das in seiner frühen Kindheit den Vater bewunderte und ihm aufs Wort gehorchte. Es nahm dem mächtigen und eigenwilligen Vater gegen-

---

[2] Nicht umsonst behaupten die als witzig bekannten Basler, in ihren pharmazeutischen Fabriken würde „chemischer Dreck" produziert.

über eine mehr passiv-feminine Haltung ein. Anläßlich der Jahrmarktszene wird Konrad zur Identifikation mit dem Vater gezwungen, das heißt, der vorher sich mehr mit der passiven Mutter identifizierende Bub wird in die aktive Rolle gedrängt, wie sein nachheriges Verhalten zeigt, als er den trotzenden Vater nachahmt.

Dieser Wechsel hatte notwendig zur Folge, daß der Bub den im Ödipuskonflikt enthaltenen Ambivalenzwiderstreit auf eine andere als die bis dahin für ihn geltende Weise lösen mußte. Er war ihm bislang in der Art ausgewichen, daß er sich dem Vater gegenüber nach dem Vorbilde der Mutter einstellte. In die maskuline Rolle gedrängt, mußten die zur Seite geschobenen Beseitigungswünsche auf den Vater reaktiviert werden, und gestützt darauf, wurden Schuldgefühle mobil.

Der vorschulpflichtige Konrad hat den Ambivalenzkonflikt schon einmal erledigt, indem er sich in die passiv-feminine Rolle begab. Von neuem vor das Problem gestellt, entledigt er sich seiner nunmehr mit. dem Mittel des *Ungeschehenmachens* und der *Isolierung*. Der Schuleintritt mit sechs Jahren kommt dem Buben dabei zur Hilfe. Er kann den bedrängenden Konflikt beiseite schieben, als wäre er nicht vorhanden, indem er alle seine Kräfte und seinen ganzen Eifer den Problemen zuwendet, die ihm die *Schule* stellt; er wird der Erste seiner Klasse, und seine „Intellektuellenlaufbahn" beginnt schon hier. Um den Konflikt mit dem Vater nicht durchfechten zu müssen, will er unter keinen Umständen ins väterliche Geschäft eintreten und erstrebt einen Beruf, der mit dem Vater, mit den Eltern überhaupt in keinerlei Zusammenhang steht — nicht einmal die Begabung zu seinem geplanten Berufe will er von den Eltern geerbt haben.

Er isoliert sich von den Eltern, indem er sie entwertet. Der Vater sei mehr nur ein durch die Zeitläufe begünstigter Emporkömmling, die Mutter sei unbedeutend. Wenn wir die Affekte in Worte fassen, würden sie ungefähr folgendermaßen lauten: „Die Eltern gehen mich nichts an, also habe ich mich mit ihnen nicht im Sinne des Generationenkonflikts auseinanderzusetzen!" — Konrad distanziert sich von den Objekten, um die sich seine Konflikte drehen müßten, und macht sie damit unwirksam, nichtexistent. Aber die Lösung ist nur eine scheinbare. Wir wissen, daß das Unbewußte seine Wünsche nicht aufgibt, bevor sie richtig verarbeitet worden sind.

Auf einer anderen Ebene findet der Ödipuskonflikt beim halbwüchsig gewordenen Konrad seine Fortsetzung. Die strengen väterlichen Einflüsse, die einst den kleinen Konrad beeindruckten, verdichten sich zum „schlimmen Schicksal", und im günstigen Schicksal, im „Glück", dürften wir wohl die Züge der gütigen und weichen Mutter wiedererkennen, die dem Sohne etwas „gönnt": es sei an das ungeschädigte Mutter-Sohn-Verhältnis auf der oralen Stufe erinnert.

Dem „schlimmen Schicksal" wird — ganz in Analogie zum väterlichen Verhalten bei der Jahrmarktszene — zugeschrieben, daß es stur immer das Gegenteil dessen eintreten lasse, was der schwache, sterbliche Konrad sich wünscht. Wünscht er das „schlimme Schicksal" herbei, dann bleibt es ihm vom Leibe, und das „Glück" kann sich einstellen. Oder anders ausgedrückt: wenn Konrad den „Teufel" (als Umschreibung des „bösen" Anteil des Vaters und schlimmen Schicksals) herbeiwünscht, dann hält er sich fern; das gütige Schicksal (als Vertreter der mütterlichen Instanz) kann dann ungehindert in Aktion treten.

Bei dem gesünderen jüngeren Bruder Anton ist uns bei der Erkrankung des Vaters aufgefallen, wie ruhig er die Auskünfte des Arztes entgegennimmt, während Konrad offenbar sehr besorgt ist. Wie hätte er sonst nötig, das Schlimme, das er befürchtet, durch den Zauber des Todeswunsches vom väterlichen Haupte abzuwenden!

Aus Konrads ursprünglichen Aggressionen gegen den Vater ist *Überbesorgnis als Reaktionsbildung* entstanden. Diese Reaktionsbildung beweist die unerledigte Existenz aggressiver Strebungen gegen den Vater. Wir merken solche auch bei seinem Todeswunsch

158

anläßlich der Krankheit. Bedeutete er nämlich *nur* das Gegenteil und die Abhaltung des „schlimmen Schicksals", dann hätte Konrad die Rationalisierung nicht nötig, er wünsche des Vaters Tod, damit dieser nicht so lange zu leiden brauche. Im Augenblick, da Konrad seinem Vater den Tod wünscht, müssen Spuren von Schuldgefühl vorhanden gewesen sein; er macht sie unwirksam, indem er sich sagt, der sofortige Tod sei besser als langes Hinsiechen: er wünsche also seinem Vater nichts Böses an.

Konrad hat seine ursprüngliche frühkindliche Trotzneurose so abgeändert, bearbeitet, laviert und in seinen Charakter eingebaut, daß sie der Abwehr von trotzigen aggressiven Regungen dienen, die dem Vater gelten. Die Trotzeinstellung ist ein Überbleibsel aus dem unerledigten Ödipuskonflikt.

Mit der Amasisreaktion können kriminelle Wünsche abgewehrt und das Schuldgefühl entlastet werden. Andernteils erfüllen sich auf diesem ungewöhnlichen Wege die Triebwünsche doch. Nur gelten sie nicht mehr dem ursprünglichen infantilen Ziele, der Mutter, sondern dem „Glück". Das „Schicksal" wird als Trotzneurotiker aufgefaßt. Es ist die Projektion der eigenen Trotzneurose Konrads in die Welt des Übersinnlichen.

Konrad erkennt nicht, daß, um mit Schiller zu reden, seines Schicksals Sterne in seiner eignen Brust ruhn.

Wenden wir uns jetzt nochmals der Ballade vom „Ring des Polykrates" zu. Möglicherweise gibt sie uns, wenn wir sie eingehender betrachten, weitere wesentliche Aufschlüsse über den Amasistyp [3], und könnte die an Konrad gewonnene psychologische Ausbeute bestätigen.

Bekanntlich bedienen sich die Dichter zur Darstellung und kon-

---

[3] Dieser ist besonders unter den Bauern sehr verbreitet. Es ist sprichwörtlich bekannt, daß sie selbst bei reichen Ernten immer etwas zu klagen haben.

kreten Gestaltung einer Idee, unter anderem der sogenannten doppelten Motivgestaltung. Jekels hat diese als „Grundphänomen der dramatischen Produktionsweise" erkannt. Schiller benutzte sie in seinen Dramen regelmäßig. Es sei hier an das Paar Tell — Parricida erinnert, worüber Kielholz eine bemerkenswerte Abhandlung geschrieben hat.

Die in ihrer Wesensart dem Drama am nächsten kommende poetische Gattung ist die Ballade, und Schiller hat mit dem Freundespaar Polykrates — Amasis ein Motiv doppelt gestaltet, so wie er es in seinen Dramen tat.

Die Freunde sind einander auffallend ähnlich. Beide sind glückliche Emporkömmlinge, beide gelangten durch Beseitigung ihrer Landesväter auf den Thron und zu ihrer Machtstellung, und beide werden von der Furcht ergriffen, daß die Rachegötter sich gegen sie wenden könnten.

Wir wollen nun versuchen, den *Hergang in der Ballade in die Symbolsprache des Unbewußten zu übersetzen.*

Die beiden Könige haben ihre Aggression auf die Väter — die Landesväter und ihre Herren — aktiv abgeführt, indem sie sich der *Ödipustat* schuldig machten: sie beseitigten die Väter, setzten sich an ihre Stelle und beherrschten das Land. Wie die Traumdeutung erwiesen hat, bedeutet „Vaterland" = „des Vaters Land" und ist ein Muttersymbol.

Nun gilt für das Unbewußte das Talionsgesetz: Auge um Auge, Zahn um Zahn, Mord um Mord. Beide Tyrannen erwarten kraft ihrer Schuldgefühle der Ödipustat wegen den Sühnetod. Und beide wollen ihn von sich abwenden. Amasis gibt seinen Stellvertreter, den Sohn, den Rachegöttern zum Opfer. Damit besänftigt er die Erinnyen — aber er ist doch von Schuldgefühl nicht frei, sonst würde er nicht von Samos flüchten. Das Sohn-Opfer hat gewiß noch einen andern Sinn: wenn Amasis den Sohn tötet (oder vielmehr dem Tod überläßt, töten läßt), dann hat er als Vater von *seinem* „Schicksal" nicht mehr dasselbe zu erwarten, was er einst in der Sohnesrolle an seinem Vater (Landesvater) getan hat. Aus diesem Grunde ist das „Opfer" nicht rein, und das Schuldgefühl kann nicht aufgehoben werden.

Polykrates opfert „das Kostbarste", was er besitzt: den Ring. Für die Sprache des Unbewußten bedeutet der Ring bekanntlich auch ein Muttersymbol. Der Herrscher von Samos verzichtet also in „nachträglichem Gehorsam" dem Vater gegenüber auf die Frucht seiner Ödipustat, auf den Besitz der Mutter. Jedoch, der nachträgliche Gehorsam wird von dem vergotteten Vater (Schicksal) nicht angenommen, der Ring kommt zu seinem Besitzer zurück. Und jetzt weiß Amasis, daß die Vernichtung seines Freundes beschlossenes Schicksal ist.

Die Rachegötter sind die Erinnyen, also weibliche Götter. Man könnte sich darob verwundern und denken, die Rache müßte einem männlichen Gotte überlassen sein. Die Erinnyen sind jedoch in die Welt des Übersinnlichen projizierte Vertreterinnen der „bösen Mutter", was soviel bedeutet, daß sie gegen den seiner Ödipustat wegen mit Schuld (die „Schuld" betrifft nicht allein nur den Vatermord — durch diesen wurde der Mutter etwas gewaltsam weggenommen, was ihr gehörte —, der Vollbringer der Ödipustat wird so auch der Mutter gegenüber „schuldig") beladenen Sohn die rächenden Eigenschaften des Vaters übernommen haben. Die Schlangen, die sie auf ihren Häuptern tragen, deuten diese Eigenschaften als maskuline Symbole an.

Begrifflich ist in der Gestalt der Erinnyen überdies noch enthalten, daß die Ödipustat umsonst geschehen ist. Denn das Ziel, der Besitz der Mutter, ist nicht erreicht worden: aus ihr ist eine dem sterblichen Sohne unerreichbare Mutter, die Göttin geworden; sie ist dem Sohne auch darum entrückt, weil sie aus der „guten" zur „bösen", dem Sohne gegenüber feindseligen („Mutter mit dem Penis" — Schlangensymbole) Mutter geworden ist, der gegenüber der Sohn nicht Liebe, sondern Angst empfindet.

Der Ödipustat des Sohnes wegen fand diese Umwandlung der Mutter statt: Der Sohn erwartet von der Mutter Strafe, die der Vater hätte vollziehen sollen, und er projiziert die aus seiner Erwartungsvorstellung resultierenden, die Mutter ablehnenden Gefühle als böse Muttergöttin. Die quantitative Macht wird durch die *Mehrzahl* der Rachegöttinnen dargestellt.

Wir haben in Konrad, Amasis und Polykrates drei Menschen gesehen, die auf ähnliche, aber doch verschiedene Art ihre dem Vater geltenden Aggressionstriebe verarbeiten.

Polykrates hat ihnen freien Lauf gelassen und büßt mit dem Leben dafür. Die Geschichte erzählt, daß es dem persischen Satrapen Orötes zu Sardes gelang, den Griechen unter trügerischen Umständen nach der Stadt Magnesia am Mäander zu locken; dort wurde Polykrates ergriffen und ans Kreuz geschlagen. Er ist der tragische Held.

Auch Amasis gewährte seiner Aggression volle Auswirkung. Aber er sucht den Folgen aus dem Wege zu gehen, indem er dem rächenden Tode an seiner Statt den Nachfahren überläßt und vor dem Verderben flüchtet.

In verfolgten Schuldgefühle, und um sie zu besänftigen, fürchtet er sich vor dem unbeschnittenen Glück: er ist geneigt, das Unheil selber herzurufen und den Göttern das Kostbarste zu opfern, wenn nur er selber dabei am Leben bleibt; er steckt anläßlich seines Gastaufenthaltes in Samos auch den Freund mit seiner Mentalität an.

Konrad gelingt es nicht, die Aggressionstriebe richtig einzuordnen. Er läßt ihnen — um nicht Schuld auf sein Haupt zu laden — nicht freien Lauf, selbst nicht in der Phantasie, und er findet auch nicht die Lösung ihrer Sublimierung. Aus der gehemmten Aggression entfaltet sich seine Zwangsneurose, die sich der Abwehrmechanismen Regression, Reaktionsbildung, Isolierung und Ungeschehenmachen bedient.

Konrad ist Amasis insofern ähnlich, als er vor den erwarteten Folgen seiner (nicht durchgeführten) Aggression gegen den Vater flüchtet. Er wünscht wie der Ägypterkönig das Unheil herbei und fürchtet sich vor der Götter Neide.

Aber in zweierlei Hinsicht ist Konrad dem Ägypter unähnlich. Erstens läßt er es mit seiner Aggression gar nicht so weit kommen wie Amasis, und zweitens (und deshalb) wünscht er im Grunde genommen nicht Unheil über sich herbei, er tut nur so „als ob" (Vaihinger), um es mit einem magischen Vorgang in Wirklichkeit von sich abzuhalten.

Wir haben eingangs dieses Kapitels Menschen, die wie der Ägypterkönig in Schillers Ballade beständig ihrer Unheilerwartung Ausdruck geben, den vorhandenen Glücksfällen mißtrauen und das Unglück herbeirufen, unter Vorbehalt einer nachträglichen *Korrektur* als „Amasistypen" bezeichnet.

Inwiefern Abwehrtypen wie Konrad der psychischen Struktur, die Amasis zukommt, nicht ganz entsprechen, hat unsere Untersuchung ergeben.

Es handelt sich bei Konrad auch nicht einfach (zum mindesten nicht „rein") um den Reaktionstyp, der „die Angst vorwegnimmt", wie es bei Studenten, die vor einem Examen stehn, recht oft der Fall ist. — Während des Examens selber empfinden diese *Vorwegnehmer der Angst* keine Angst mehr. Sie haben sich durch die Vorwegnahme entweder schon genügend „bestraft" oder so an die „angsthafte Situation des Examens" gewöhnt, daß sie im Augenblick, in dem sie aktuelles Geschehen wird, keine Schrecken mehr bringt. „Es ist sehr viel weniger schlimm, als ich mir zum voraus gedacht hatte", tröstet sich der Kandidat, „es ist sogar so wenig erschreckend, daß Angst überflüssig ist!"

Konrad behauptete vor seinen Prüfungen auch, er werde sie nicht bestehen. Jedoch empfand er dabei nicht *Angst*; er „redete" nur etwas, um etwas, das ihm hätte drohen können, zu *be*-reden, zu bannen. Denn Konrad ist sich seines Abwehrzaubers sicher — er zweifelt nicht an der Allmacht seiner Wünsche, falls er deren *Negativ* ausdrückt.

Konrads Bruder Anton, der unter gleichen Milieufaktoren aufgewachsen ist, wagt sich dem Vater gegenüber mit seiner Aggression hervor. Er ist der, der unter Umständen eben einen „Krach"

wagt, wie er in der Diskussion mit seinem Bruder anläßlich des
väterlichen Telephongespräches andeutet. Da er seine dem Vater
geltenden aggressiven Tendenzen auf normalerem Wege als Konrad abführt, hat er keinen neurotischen Abwehrmechanismus dafür
nötig, wie ihn sein Bruder ausgebildet hat.

Wenn wir uns fragen, warum uns die Schillersche Ballade zu
packen vermag, ist die Antwort nicht schwer zu finden. Eine Dichtung packt uns dann, wenn es dem Poeten gelungen ist, einen
Gedanken so zu konkretisieren, daß die Form in jeder Hinsicht
als zwingend erscheint, und diesen ursprünglich nur für die Person
des Dichters geltenden Gedanken durch dessen dichterische Verarbeitung für die Menschheit allgemeingültig zu machen. In seiner
Ballade vom „Ring des Polykrates" ist Schiller beides wohl gelungen.
Im Sinne der Resonanz vermag die Ballade etwas in uns anzu-
sprechen, das mitschwingt. Wir alle haben in unserer Kindheit und
in unserer unbewußten Phantasie andeutungsweise und mehr
oder weniger intensiv die gleichen Konflikte durchgemacht wie
Polykrates, Amasis und Konrad. Das gleiche Spiel der Kräfte, das
in uns einst Wirklichkeit war, sehen wir bei Konrad in vergröber-
ter Art und wie unter einem Vergrößerungsglas, weil er einer
psychischen Affektation unterlegen ist. Am kranken Konrad
konnten wir seelische Regungen untersuchen, wie sie in verminder-
tem Maße auch beim Gesunden und Normalen vorhanden, aber
viel schwerer untersuchbar sind, weil sie sich nur in Spuren zeigen.
Lesen oder hören wir Schillers Ballade, dann werden in unserer
Affektivität Erinnerungen aktiviert aus jener Zeit, da der Genera-
tionenkonflikt in uns — mehr oder weniger deutlich — akut war,
und wie aus einem düsteren Traume wenden wir uns „mit
Grausen" ab, erschüttert vom Schicksal des Polykrates, und wir
wenden uns froh dem sicheren Boden *unseres* „Ägyptens" zu.
Es lebt heute noch ein ganzes Volk, das auf die Art Konrads das

Unheil abwehrt. Die *Chinesen* sagen, schlimme Dämonen fürchtend, von ihren Kindern: „Wie sind sie häßlich, wie abscheulich sehen sie aus, wie kränklich sind sie — gewiß werden sie nicht mehr lange am Leben bleiben!" — und der Gastfreund, dem die Kinder vorgestellt und dermaßen beschrieben werden, muß höflicherweise bestätigen: „Ja, häßlich sind sie, abscheulich, kränklich, schwächlich, gewiß leben sie nicht mehr lange!" — Würde er oder jemand der Anwesenden das Gegenteil behaupten, weil die Kinder in Wirklichkeit hübsch gewachsen sind und kerngesund aussehen, dann machte er die bösen Dämonen aufmerksam, wo sie Gelegenheit fänden, Unheil zu stiften und den Tod ins Haus zu bringen.

In unseren Landstrichen ist man so abergläubisch nicht mehr. Immerhin wünschen noch viele von uns den Flugpassagieren „Hals- und Beinbruch!" in der Erwartung, sie auf diese Weise vor Unheil zu beschützen. — Wenn wir oder unsere Freunde eine Bergtour machen wollen, dann sagen wir: „Hoffentlich gibt's tüchtig Regen!" und meinen, es solle das gute Wetter anhalten. Solche Äußerungen tun wir mit Humor. Der Spaß macht die Ernsthaftigkeit, die hinter ihm steckt, weniger oder nicht sehr bemerkbar. Wir können sie eher bei jenen Leuten feststellen, die, nachdem sie eine nahe günstige Wendung in ihrem Leben vorausgesagt haben, mit halb komischer, halb erschrockener Gebärde dreimal auf den Tisch klopfen, „Toi-toi-toi!" murmeln, oder mit dunkler Stimme die Bemerkung beifügen müssen: „Unberufen!" All dies sind gewiß nur Spuren und unbedeutende Überreste von Dämonenfurcht. Aber es ist so, als ob alle Menschen den Abwehrmechanismus kennten, wie Konrad ihn anwendet. Bei einzelnen jedoch hat er sich wie bei Konrad zu einem hervorstechenden Charakterzuge ausgebildet, und mit ihm machen sie sich zu heimlichen *Meistern ihres Schicksals.* Die Neurotiker, die infolge ihrer seelischen Zerrissenheit meist besonders unsicher im Leben stehen, möchten noch viel mehr als die Gesunden über ihr Schicksal verfügen können, um sich vom Neide neckischer Götter nicht mehr Schabernack spielen und ihre Dispositionen durchkreuzen zu lassen.

Wenn unsere normalen Zeitgenossen den Spruch: „Mir grauet vor der Götter Neide!" zitieren, brauchen sie ihn gewöhnlich in ironischem Sinne; sie fürchten sich nicht abergläubisch vor übersinnlichen Mächten, vielmehr spotten sie über die neidische Umgebung (meist über Kollegen), die ihnen ihre Erfolge nur ungern gönnen mögen. Im Grunde graut ihnen vor der Mißgunst der Mitmenschen ebensowenig, als sie sich im Bewußtsein ihrer Gesundheit und Schaffenskraft vor schlimmen Dämonen fürchten. Sie haben weder die eine noch die andere Furcht mehr nötig, weil es ihnen weitgehend gelungen ist, ihrer Aggression durch positive Arbeitsleistung *sublimierten*, das heißt normalen und *schuldgefühlfreien* Abfluß zu verschaffen; aus dem gleichen Grunde brauchen sie in sich das Abwehrsyndrom nicht aufzurichten, wie es Konrad tat, um sich mit einer solchen Charakterpanzerung sowohl gegen außen hin als auch gegen innen zu sichern [4].

---

[4] *Literatur:* S. Freud, Ges. Werke, insbesondere: „Hemmung, Symptom und Angst", „Die Abwehr-Neuropsychosen", „Weitere Bemerkungen über die Abwehr-Neuropsychosen", „Totem und Tabu"; A. Freud, Das Ich und die Abwehrmechanismen, Wien 1936; W. Reich, Charakteranalyse, Wien 1933; J. Jekels, „Das Problem der doppelten Motivgestaltung", in: Imago 1933, H. I, Wien; A. Kielholz, „Tell und Parricida", in: Sonderheft „Schweiz" der Psychoanalytischen Bewegung, Wien 1931/IV; F. Schiller, Gedichte, Reclam Leipzig.

NEUNTES KAPITEL

Angstbewältigung, Angstabwehr

In den vorhergegangenen Kapiteln wurde bereits gezeigt, wie Kinder ihre Angst abwehren, oder was die Eltern vornahmen, um dies zu bewirken.

Es wurde auch schon darauf hingewiesen, daß Kinderängste „verwachsen" werden können, von selber wieder verschwinden.

Wo sie konstant sind, sich gar steigern, ein Kind in seinen freien Lebensäußerungen hindern, und die Eltern sich nicht mehr zu helfen wissen, tun diese gut daran, sich von Fachleuten beraten oder das „Angsthäschen" von ihnen behandeln zu lassen. Überall in den größeren Ortschaften sind heute Erziehungsberatungs- und -hilfestellen organisiert, und man sollte sie benutzen, wenn man ein angstbefallenes Kind hat, sich nicht schämen, mit ihm dort hinzugehen.

Keinesfalls ist angezeigt, auf dem Wege von Strenge und Strafen die Angst und ihre Symptome beseitigen zu wollen. Mit solchen Maßnahmen erreicht man gewöhnlich nur eine „Symptom-Verschiebung".

Ein siebenjähriger Waisenknabe wurde zu einem Kleinbauern gegeben. Der Bub war ein Bettnässer (falls die Harnorgane in Ordnung sind, ist das Bettnässen regelmäßig ein Angstsymptom). Der Bauer hatte in der Umgegend den Ruf, er könne Bettnässer von ihrem Übel abbringen.

Der Bub, nennen wir ihn Ludwig, wurde jedesmal durchgeprügelt und beschimpft, wenn er sein Lager näßte. Er mußte auf einem harten Brett schlafen. Die Linnen mußte er am Brunnen vor dem Hause auswaschen und den Spott seiner Kameraden ertragen. — Schließlich gab er das Einnässen auf. Aber aus ihm wurde ein

Tierquäler, und seinen Schulkameradinnen und -kameraden gegenüber ein unleidlicher Bursche. An ihnen nahm er Rache für das, was er beim Bauer erlitten hatte. Man sah ihn auch nie mehr unbeschwert fröhlich lachen, aus ihm war ein grimmiger, bösartiger Mensch geworden.

Ludwig kam später zu einer Witwe, deren Kinder bereits ausgeflogen waren. Sie war sehr lieb zu dem Knaben. Er durfte eigene Kaninchen und Enten halten, in einem richtigen Bette schlafen, wurde allmählich wiederum frohmütiger und tierlieb.

Angstkinder haben nicht Strafen nötig,
sondern verstärkte Liebeszuwendung

Eine Vierjährige, Ursula, bekam nachträglich ein Brüderchen und reagierte darauf mit Einkoten. (Sie fühlte sich aus ihrer bisherigen Position in ihrer Familie verdrängt, was sie ängstigte.) Die Eltern schritten zuerst mit Mahnungen und Beschämungen ein, dann mit immer härteren Freiheits- und Prügelstrafen.

Diese Maßnahmen hatten Erfolg, Ursula ließ das Einkoten. Aber aus ihr war ein trübsinniges, depressives und ein sehr pedantisches Kind geworden.

Auch sie hatte, wie Ludwig, nur ihr Angstsymptom, das Einkoten, gegen andere Symptome ausgewechselt.

Eine Fünfeinhalbjährige fing nach einem Schreckerlebnis, einer Feuersbrunst im Nachbarhause, zu stottern an. Die Eltern schimpften, straften. Der Erfolg war, daß das Stottern zunahm, statt aufzuhören. Kurz vor Schuleintritt kam das Mädchen in kinderpsychotherapeutische Behandlung und konnte geheilt werden. Die Eltern hatten es — „der Not gehorchend, nicht dem eignen Triebe" — in Behandlung gegeben, weil sie befürchteten, mit ihrem Sprachübel könnte die groß und kräftig Gewachsene in der Schule nicht bestehen. Nach dem Behandlungserfolg erklärten sie: „In der Erziehungshilfestelle wurde mit Evi nur gespielt. Das

Stottern hat sie verwachsen, und daß sie es aufgab, daran ist nicht die Frau Doktor schuld. Evi hätte es auch aufgegeben, wenn wir nur länger geduldig zugewartet hätten. Mit Spielereien, Lehmspielen, Fingerfarbenspielen, Spielen mit Püppchen kann man doch gewiß kein Kind vom Stottern abbringen!"

Daß im Spiel, im freierfundenen Kinderspiel, heilende Kräfte liegen, ist noch viel zu wenig bekannt. Im Spiel stellt der kindliche Patient all das dar, was ihn bewußt und unbewußt bewegt, er bearbeitet seine Konflikte und kann sie — und damit auch ihre Symptomatik — unter der verständnisvollen Führung des Therapeuten lösen. Er „versteht", was das Kind darstellt, er kann es sich „deuten", aber er macht seine Funde dem Kind nicht „bewußt", er „deutet" sie nicht vor des Kindes Ohren. Anstelle der „Deutungen" von unbewußten Vorgängen benutzt er gezielte und dem jeweiligen Stand der Behandlung angepaßte Spieleingriffe.

Die Nichtfachleute begreifen dies nicht. Ein Vater, höherer Beamter mit gutem Einkommen, erklärte einst: „Der Herr Therapeut geht mit meinem Eduard (einem fünfzehnjährigen Schulschwänzer) spazieren — und dafür muß ich ein Honorar bezahlen! — Das ist doch Unsinn, daß ich für des Mannes Vergnügen Geld hergeben muß. Schließlich könnte auch ich mit Edi spazierengehen, wenn ich die Zeit dazu fände!" Als dann Eduard vom Schulschwänzen abließ, fand sein Vater: „Der Bub tut es nur dem Therapeuten zuliebe — dieser wird mit dem Buben entsprechend gesprochen haben. Jedenfalls sind doch gewiß nicht die Spaziergänge an Edis Besserung schuld!"

Sie waren es aber. Der Therapeut hatte nicht die Aufgabe, Eduards Vater zu zeigen und ihm begreiflich, verständlich zu machen, wie er vorging und weshalb er mit dem Halbwüchsigen (therapeutische) Spaziergänge unternahm, sondern den Jüngling zu heilen, und dies hatte er erreicht. — Die Schulangst Eduards konnte beseitigt werden, und darum hatte der Junge nicht weiter nötig, sich durch Flucht vor ihr zu schützen.

Aber für manche Eltern gilt noch der Spruch: „Was der Bauer

nicht kennt, das frißt er nicht!" — besonders, wenn er dafür noch zahlen muß ...

Das Umgekehrte ereignet sich aber auch oft. So schrieb mir eine Mutter, der ich einst geraten hatte, ihren zwölfjährigen Sohn zu einem Erziehungshelfer zu geben: „Schon beim ersten Ansehen gewann ich sein Vertrauen. Er hat in dreivierteljähriger Kur meinen Fredi vom Stottern geheilt. Ich bin davon überzeugt, Herr A. ist weitherum der beste Mann in seinem Fach!"

Es ist nicht von ungefähr, wenn ich vom Mißtrauen und Zutrauen der Eltern zum Erziehungshelfer spreche: davon hängt nämlich der *Behandlungserfolg* hochgradig ab. Sind die Eltern mißtrauisch — selbst wenn sie kein Sterbenswörtlein davon vor ihrem Kinde sagen, dann wird oft das Kind, der kleine Patient, auch mißtrauisch. Das Mißtrauen der Eltern emaniert aus ihnen und suggeriert ihr Kind. Darum ist angezeigt, daß die Eltern

1. ihr hilfsbedürftiges Kind nicht zu einem Erziehungshelfer geben, dem sie zum vornherein mißtrauen;

2. daß sie vor der zu unternehmenden Behandlung mit dem ausgewählten Helfer sprechen, ihn persönlich kennenlernen: häufig trägt dies dazu bei, daß sie ihr hintergründiges Mißtrauen aufgeben;

3. daß der Helfer im vorausgehenden Gespräch mit den Eltern sich in einer Art gibt, frei, ungezwungen, menschlich, gütig, daß Zutrauen entsteht.

Damit auch Unbemittelte die Wohltat von Erziehungsberatungs- und -hilfestellen benutzen können, arbeiten die meisten entsprechenden städtischen Organisationen kostenlos. Die Mitarbeiter stehen im Beamtenverhältnis, werden von den Behörden besoldet.

Darin liegt allerdings auch eine Gefahr. Es gibt Eltern, die wegen jeder Bagatelle, die sie an ihren Kindern beobachten und die ihnen „abwegig" erscheint, zur Erziehungsberatungsstelle laufen, so wie sie es auch anderen Fürsorgestellen gegenüber tun. Darum ist der Mitarbeiterstab an den Beratungsstellen meist überlastet.

Andernteils machen es sich die Eltern bei ihrer Erziehungsaufgabe bequem, denken nicht weiter an Selbsthilfe.

Auch bei Kindern, nicht nur bei Erwachsenen, kann man Angstbewältigung durch „Flucht nach vorn" beobachten.

Es geschah vor ein paar Jahrzehnten. Auf einem sehr einsam gelegenen Bauerngut auf dem Montoz (Jura-Berg im Kanton Bern) war eine Schar Kinder versammelt. Ihre Eltern hatten sich nach Saignelégier begeben, um Pferde zu kaufen. Das Haus wurde abgeriegelt.

Auf einmal klopfte es hart an die Türe. „Öffnet!" befahl eine rauhe Männerstimme.

„Wer ist da?" fragte das älteste Kind, ein Sechsjähriger.

„Der Teufel!" kam Antwort.

Der Kleine trat in die Küche zurück. „An der Türe steht der Teufel!" erklärte er leise den anderen. „Haltet euch ganz still! Ich werde den Teufel erschießen!"

Er holte Vaters Ordonnanzgewehr, das an der Stubenwand aufgehängt war, herunter, suchte Patronen, lud es. Dann schlich er sich zur Hintertür hinaus, sah um die Ecke eine zerlumpte Gestalt stehen und schoß darauf, traf sie in den Unterleib.

Hierauf lief er zum nächsten Haus, das ungefähr eine halbe Wegstunde weit entfernt war und ein Telephon besaß. Dort meldete er den Vorfall, und man rief in Court drunten im Tale die Kantonspolizei an. Der Landjäger benutzte ein Pferd, um rascher bergauf zu kommen, und in etwa Dreiviertelstunden war er da. Der Verwundete lag bewußtlos. Es handelte sich um einen berüchtigten Räuber und Einbrecher, den man schon lange gesucht hatte. Man brachte ihn ins Krankenhaus.

„Warum hast du auf den Mann geschossen?" erkundigte sich der Polizist bei dem jugendlichen „Totschläger".

„Ei, wenn es doch der Teufel war", gab der Knabe zur Antwort. „Wir fürchteten uns! Er polterte immer neu an die Haustür. Ich dachte, wenn's der Teufel ist, muß man ihn erschießen!"

Als ich noch ein dreizehnjähriger Knabe war, saß ich einmal mit Kameraden zusammen an der hochgehenden Schüss, einem etwa fünfzehn Meter breiten Flusse, der vom Jura her in den Bielersee fließt. Wir waren in Badehosen. Aber manch einer, der nicht schwimmen konnte, saß nur da an einem Feuerchen, wo Kartoffeln und Äpfel gebraten und verzehrt wurden.

Auf einmal ertönte ein Schrei. Wir sahen, daß einer der Nichtschwimmer ins reißende Wasser gefallen, ausgeglitscht war.

„Hilfe, Hilfe!" schrie der Ertrinkende. Die Schar stob panikartig auseinander, lief dem Dorfe zu, einer hierhin, der andere dorthin. Unserer drei stürzten sich ins Wasser. Aber wir konnten keine Hilfe bringen, die starke Störmung riß uns ab.

Plötzlich hörten wir am anderen Ufer laut schreien und lachen. Es war der Nichtschwimmer. „Ich bin einfach unter dem Wasser ans Ufer geschwommen!" erklärte er, „und jetzt kann auch ich schwimmen!"

Wir schwammen auch ans andere Ufer, zu ihm.

„Und jetzt schwimme ich zurück!" erklärte der halb Ertrunkene und stürzte sich in die Flut, wir begleiteten ihn und kamen alle gut hinüber.

„Hast du keine Angst gehabt?" fragten wir ihn dann.

„Angst? Fast ist mir das Herz zersprungen vor Angst! Aber dann rappelte ich mich zusammen!"

Er hatte sich durch *Flucht nach vorn* retten können.

Manche Knaben unserer Dorfschaft „übten" sich darin, keine Angst zu haben. Obwohl es uns unsere Mütter verboten hatten, schritten wir über Brückengeländer. Oder wir sprangen beim Brennholzsammeln von einem Waldbaum zum anderen hinüber. So wollten wir Gefahren mutig trotzen.

Wären wir in die Aaare oder in die Schüss gefallen, hätten wir, mit den Kleidern angetan, ans Ufer schwimmen müssen, und hätten wir den nächsten Waldbaum verfehlt, würde es uns zerschmettert haben, zum mindesten riskierten wir Bein- und Armbrüche.

Besonders Knaben im ersten Pubertätsalter kämpfen gegen ihre Angstbereitschaft an, indem sie sich Gefahrensituationen aussetzen, sie zu bewältigen und sich „tapfer" zu erweisen suchen. Nicht selten tun es bereits jüngere. So sah ich einen Siebenjährigen, der mit der Faust eine Fensterscheibe einschlug.

„Du hättest dich arg verletzen können!" sprach ich zu ihm. „Warum denn hast du das getan?"

„Ei!" erwiderte er. „Ein Cowboy muß doch tapfer sein und sich vor nichts fürchten!" Er hatte Cowboy-Hefte (Comic-Strips) gesehen und sich auch schon solche von seinen älteren Brüdern vorlesen lassen. Er identifizierte sich mit den „Literatur"-Helden.

Die Beispiele zeigen uns, daß Angst häufig Aggression weckt. Dies hat man auch während der letzten Kriege beobachten können, und auch etliche Kinofilme erinnern daran. Wenn eine abgeschnittene Soldatengruppe von der Gegenseite einen Angriff erwartete, dann kamen sie diesem zuvor, sie stürmten vorwärts. Gelang es ihnen, Gefangene zu machen, einen kleinen „Sieg" zu erringen und glücklich wieder zurückzukehren, die Verbindung zu ihrer Partei neu zu gewinnen, dann feierte man sie als Helden und zeichnete sie aus.

Manchmal finden auch Mädchen die „Flucht nach vorn", um ihre Angst loszuwerden. Zwei fünfzehneinhalbjährige Wanderinnen waren in eine Sennhütte und „Ristorante" im *Val di Lei* eingetreten und ersuchten um ein Nachtlager. Am offenen Herdfeuer saßen außer den Besitzersleuten Zollsoldaten und Schmuggler, unheimliche Gestalten, und plauderten leise miteinander, tranken Veltlinerwein. Damals war aus dem Tal noch nicht (wie heute) ein Stausee gemacht worden. Es handelt sich um ein zu Italien gehörendes Tal, das nur durch hochgelegene Pässe vom Mutterland her betreten werden kann und seinen Fluß, den Reno di Lei, in den Averserrhein (Schweiz, Graubünden) ergießt.

Freundlich wies der Besitzer den beiden Mädchen ein Heulager auf dem Söller oben an, eine kleine Leiter führte hinauf.

Die Mädchen waren von der Nacht überrascht worden und wagten es nicht, bei Dunkelheit den gefährlichen Gebirgspfad in unser Land zu gehen und das Dorf Innerfererra im Avers zu erreichen, sie wollten es am nächsten Tage tun — es brauchte dazu etwa drei Stunden.

Als die Mädchen oben lagen, wurde unten am Feuer das Gespräch zu einem Geflüster. Die Zöllner entfernten sich.

Auf einmal bekamen es die Mädchen mit der Angst. „Wollen sie uns überfallen?" fragte das eine das andere leise. Sie zitterten und nahmen ihre Pfadfindermesser hervor, um sich wehren zu können. Obwohl sie müde von ihrer Fahrt waren, war von Schlafen keine Rede. Draußen zog ein Gewitter vorüber, es donnerte, und auf dem Schieferdach trommelten Regentropfen. Immer unheimlicher wurde es. Plötzlich erschien auf der Leiter ein bärtiger Mannskopf. Die Mädchen sprangen auf und zückten ihre Messer. Sie schrien. „Wenn Ihr uns etwas antun wollt ..."

Der Mann lachte nur. „Ei, was seid ihr für Angsthäschen!" rief er. „Ich bringe euch nur zwei Wolldecken!" Er reichte sie ihnen über den Söllerrand. „In der Nacht wird es hier sehr kalt!"

Dann verschwand er wieder. Unten wurde das Gespräch lebhafter, die Männer lachten laut.

Die Mädchen steckten ihre Messer weg, und jetzt übermannte sie doch der Schlaf. Niemand tat ihnen etwas zuleide.

Kaffeegeruch weckte sie am Morgen. Als sie sich regten, rief unten der Wirt: „Kommt, es gibt einen heißen Trunk!" Auf dem Herdfeuer standen zwei bauchige Kannen auf kleinen Beinen, Kannen aus Kupfer, und darin brodelte das Getränk.

„Wenn wir hier Betten hätten", sprach der Wirt, „würden wir sie euch angeboten haben. Aber wir haben keine, wir schlafen sonst droben auf dem Heu. Es lohnt sich nicht, wegen der zwei Monate, da wir hier sind, von Chiavenna her Betten herüberzuschleppen!"

„Wo habt ihr denn heut nacht geschlafen?" wollten die Mädchen wissen.

„Hier, ums Feuerchen. Wir haben uns in Schaffelle gehüllt! — Ihr solltet ganz ruhig schlafen können dort droben!"

Freundlich zeigte man den Mädchen den Pfad, der über die Alpe Motta ins schweizerische Val d'Uors hinüberführt.

Eine Entschädigung nahm der Wirt nicht an. „Es·war uns eine Ehre!" sagte er mit einer Grandezza, die an einen alten Römer erinnerte. Die Mädchen kramten drei Tafeln Schokolade hervor. „Aber die müßt Ihr uns abnehmen. Zur Erinnerung an zwei Angsthasen!"

Der Wirt nahm sie und lächelte.

Eine meiner Studentinnen gab mir folgenden Bericht ab:

„Meine Großmutter erzählte mir: Als ich ein junges Mädchen war, gab es in unserem Dorf (im Bündnerland) noch die Sitte, daß man abends z'hengert (= auf Besuch) ging. Wir jungen Mädchen nahmen unsere Handarbeiten mit und waren Abend für Abend bei einem andern Mädchen auf Besuch. Wir saßen dann im Kreise, mit unserer Arbeit beschäftigt, und erzählten uns allerlei Geschichten. Eines Abends kamen wir auf die Geister und den Tod zu sprechen. Jede erzählte eine schaurige Geschichte, und uns wurde ganz kalt in der warmen Stube. Voller Schrecken dachten wir ans Nachhausegehen, und keine von uns wollte alleine auf den Weg. Nur Ursula sagte kühn: ,Ich habe keine Angst, weder vor Geistern noch vor dem Tod, ich gehe alleine heim, ihr alle seid Angsthasen.' Wir glaubten ihr nicht und verlangten einen Beweis, als sie auf ihrer Behauptung beharrte.

Wir verlangten, daß sie, statt nach Hause zu gehen, ganz alleine auf den Friedhof zu einem frisch aufgeschütteten Grab gehe (dies war damals die schlimmste Tat) und dort den Kranz ein wenig verschiebe, als Zeichen, daß sie dort gewesen sei. Sie war einverstanden und machte sich auf den Weg. Wir andern schlichen in Gruppen ängstlich nach Hause.

Ursula trat in den Friedhof, suchte das frische Grab, auf dem erst ein kleines Drahtkreuzchen stand, beugte sich nieder und verschob den Kranz. Sie erhob sich wieder, wandte sich, um fortzugehen, und wurde plötzlich von hinten zurückgehalten.

Am nächsten Morgen fand man Ursula tot neben dem Grab. Ihre langen Röcke waren am Kreuzchen hängengeblieben und waren auch jetzt noch dort eingehakt. Sie lag vom Grab abgewandt, als wäre sie im Begriffe gewesen fortzugehen. Als sie, wahrscheinlich, fortgehen wollte, waren ihre Röcke am Kreuzchen hängengeblieben. Sie spürte, daß sie nicht weiter konnte und bekam Angst. Wahrscheinlich dachte sie, daß der Tod sie nun zurückhalte, da sie sich gegen ihn vergangen hatte, und starb vor Schreck auf der Stelle. C. B."

Angst kann demnach sogar den Tod herbeiführen.

ZEHNTES KAPITEL

Nachwort

Wir haben sehen können, wie schädlich für ein Kind die Angst ist. Darum ist selbstverständliche Eltern- und Erzieherpflicht, die Angst des Kindes zu bekämpfen, so weit als möglich auszuschalten.

Wenn Kleinkinder „scheuen", müssen die Mütter dabei sein, sich als erste den Kindern zeigen, wenn ein Gast diese aufsucht — das Kind auf die Arme nehmen, an sich drücken usw.

Es ist falsch, Kinder also gleich aus Höflichkeitsgründen zu nötigen, dem Gast zur Begrüßung „das schöne Händchen" zu reichen. Besser ist, dem Gast zu raten, zunächst so zu tun, als beachte er das Kind nicht, als ob es nicht da sei — zuzuwarten, damit das Kind ihn erst beobachten und seine Ungefährlichkeit feststellen kann. Er soll warten, bis sich das Kind an ihn gewöhnt hat und freiwillig sich ihm nähert, sich an ihn wendet.

Äußerst falsch ist es, angsthafte Drohungen als Erziehungsmittel zu benutzen. „Warte nur, bis Vati heimkommt! Ihm werde ich von deiner Ungezogenheit erzählen, und er wird dich strafen!" — „Warte nur, bis du zur Schule gehen mußt! Die Lehrerin wird dann schon mit dir fertig!" — „Wenn du nicht gehorchst, werde ich dir Strafe erteilen müssen!" — „Wenn du ein schlechtes Zeugnis heimbringen wirst, darfst du nicht mit uns in die Ferien kommen! Wir versetzen dich in ein Schulheim zum Nachholen!" usw.

Da insbesondere das kleinere Kind noch auf der magisch-animistisch-totemistischen Entwicklungsstufe seines Seelischen steht, kann man es oft von seinen Ängsten heilen, indem man ihm einen *Fetisch* schenkt. Er kann eine Stoffpuppe, Tierpuppe sein, ein Anhänger an einem Kettlein, ein „Zauberring" usw., und es ist der Vater, der dem Kinde das Geschenk übergeben sollte.

Ein Vater, der als Hobby das Sammeln von Kristallen betrieb, und der ein ängstliches Mädelchen von vier Jahren besaß, ließ einen kleinen Quarz in einen Halter fassen und hängte ihn an einem Kettchen der Kleinen um. „Da hast du jetzt etwas von mir", erklärte er dem Kinde. So bin ich immer bei dir und beschütze dich!" — Das Mädelchen war wie umgewandelt, seine Ängstlichkeit verschwand.

Die Gattin eines Uhrenfabrikanten mußte ihren Mann zu Repräsentationszwecken auf eine längere Geschäftsreise ins Ausland begleiten. Die Eltern besaßen ein dreijähriges Büblein, das außerordentlich stark an der Mutter hing; sie befürchteten, es könne ihre Abwesenheit nicht ertragen. — Die Mutter reichte ihm vorher ein Paar ihrer Handschuhe. „Du brauchst sie nur überzustreifen", erklärte sie dem Bübchen, „dann ist es so, als wäre ich dir ganz nahe und nicht weg!"

Es gab keine peinliche Abschiedsszene, und der Kleine äußerte, wie das Dienstmädchen versicherte, auch keine Sehnsucht. Vor dem Zubettgehen, manchmal auch tagsüber zog er die Handschuhe an und versicherte freudig, die Mutter sei da, ja, er selber sei die Mutter. „Pars pro toto" — in der Phantasie des Knaben und seinem seelischen Entwicklungsstand gemäß war die Mutter wirklich „da" —, er log nicht. — Es wurde ja bereits ausgeführt, daß kleinere Kinder das, was ihr „Besitz" ist, als Teile ihrer selbst auffassen — Besitz von Mitmenschen als diese selber.

Mütter müssen sich davor hüten, für ihre Kinder überall Gefahr und Krankheit zu sehen, sie bei jeder Gelegenheit davor zu warnen. Sonst fördern sie mit ihrer eigenen (wohlgemeinten) Ängstlichkeit die Angstbereitschaft ihres Nachwuchses.

Wenn wir als Eltern die Angst der Kinder bekämpfen wollen, müssen wir bei uns anfangen ...

Unsere Erziehung muß zuversichtlich, aufmunternd, ermutigend und frohgemut sein. Das „Familienklima" muß unängstlich sein. Dann wirkt es suggestiv auf die Kinder.

Ihr noch schwaches Ich soll an den Eltern eine Verdoppelung

erfahren. Wenn der Vater mit seinen Kindern einen kleinen Spaziergang macht, soll er sie ermutigen, im Wald über gefällte Baumstämme zu seiltänzern, über Mäuerchen zu gehen, von Baumstrünken, Gemarkungssteinen usw. herunterzuspringen, in Höhlen zu gehen (zuerst mit Hilfe einer Taschenlampe). Beispielhaft muß er als erster hineingehen.

Ängstigen sich Kinder im ersten Schulalter vor „stärkeren" Kameraden, ist vorteilhaft, wenn sich der Vater zu Box-Spielen entschließt, seinem Nachwuchs Griffe vorzeigt, ihn zur Selbstverteidigung ermuntert. In den Städten kann man einem Kinde auch regelrechte Box-Stunden von einem Fachmann erteilen lassen, um es zur Selbstwehr zu ermutigen.

Schließlich — dann, wenn sich neurotiforme Folgen der Angst zeigen — stehen uns die *Erziehungsberatungs-Stellen* und *privat arbeitende Fachleute* zur Verfügung. Es sei dies nochmals betont. Ihnen sollten wir die komplizierteren Kinderängste zur Behandlung überlassen, ohne vorher allerhand „Experimente" vorzunehmen. Die Fachkraft weiß mehr, als wir wissen können. Sie hat sich dafür in einer langen Ausbildungszeit schulen lassen.

Hinter den „Merkwürdigkeiten", „Abnormitäten" unserer Kinder ist sehr oft nicht erkennbare, abgeblendete Angst verborgen, die beseitigt werden sollte, um all das zu brechen, was uns an unseren Nachfahren bedenklich stimmt.

Manche öffentlichen Organisationen, wie Volkshochschulen. Erziehungsberatungsstellen, Fürsorgeämter und so weiter, veranstalten *Eltern-Kurse, Elternabende* und dergleichen. Sie bieten uns Gelegenheit, im kleinen Kreise unsere Erziehungsnöte zu diskutieren und Ratschläge zu erhalten, Belehrungen entgegenzunehmen, die uns unsere Kinder seelenkundlich faßbarer, begreifbarer machen. Solche Veranstaltungen sollten wir besuchen, weil sie uns in unserer schweren Aufgabe der Kindererziehung nützen können.

„Elternpflicht" besteht nicht darin, den Nachfahren ein großes Gelderbe zu hinterlassen, das ihre äußerliche Existenz sichern soll, sondern sie zu mutigen, frohen und tüchtigen Erwachsenen heranzubilden, die selber imstande sind, sich durchs Leben zu schlagen, durch eigene Kraft.

Kinder zu besitzen und aufzuziehen, zusehen zu dürfen, wie sie sich allmählich unter unserer Führung zu Erwachsenen entwickeln und selbständig werden, ist das Köstlichste, was wir als Eltern und Menschen erfahren dürfen. Einer „Kinderstube" im pestalozzischen Sinne vorzustehen, bringt uns die allergrößte Lebensfreude, wir bleiben lebendig und jung dabei. Darum wollen wir die Familienerziehung nicht einem „Kollektiv" und der Schule überlassen. Solche Organisationen können uns nur als Hilfskräfte, am gleichen Strick ziehend, dienen.

Erinnern wir uns wieder einmal an die Aussage des Dichterpfarrers Jeremias Gotthelf (Albert Bitzius) in seinem Buche „Geld und Geist"; sie lautet:

„Es ist nicht der Staat, nicht die Schule, noch irgend etwas anderes des Lebens Fundament, sondern das Haus ist es; nicht die Lehrer bilden das Leben, nicht die Regenten regieren das Land, sondern Hausväter und Hausmütter tun es; nicht das öffentliche Leben in einem Lande ist die Hauptsache, sondern das häusliche Leben ist die Wurzel von allem, und je nachdem die Wurzel ist, gestaltet sich alles andere!"

Schiller sagte: „Das größte Übel aber ist die Schuld!" Mir scheint, ein ebenso großes Übel sei die Angst.

Als Eltern wollen wir so weit als möglich dafür sorgen, daß sie in unseren Kindern zurückgedrängt und unwirksam gemacht wird. Wir wollen eine möglichst angstfreie Generation heranbilden und dem Leben übergeben! — Wir wollen alles tun, um *glückliche, frohmütige, von Ängsten unbeschwerte* Kinder zu haben, denn aus ihnen werden glückliche Erwachsene.

Zeit für Kinder

Ekkehard
von Braunmühl
Zeit für Kinder
Band 11531

Elias Canetti
**Die gerettete
Zunge**
Geschichte
einer Jugend
Band 11532

Martin Dornes
**Der kompetente
Säugling**
Die präverbale
Entwicklung des
Menschen
Band 11533

Petra Dreyer
**Ungeliebtes
Wunschkind**
Band 11534

Hubert Fichte
Das Waisenhaus
Roman
Band 11535

William Golding
Herr der Fliegen
Roman
Band 11536

Marianne
Grabrucker
**»Typisch
Mädchen...«**
Prägung in den
ersten drei
Lebensjahren
Ein Tagebuch
Band 11543

Helga Häsing (Hg.)
**Unsere Kinder,
unsere Träume**
Band 11537

Jana
Halamičková (Hg.)
**Die Kinder
dieser Welt**
Gedichte aus zwei
Jahrhunderten
Band 11538

Torey L. Hayden
Kevin
Der Junge, der nicht
sprechen wollte
Band 11539

Eugen Jungjohann
Kinder klagen an
Angst, Leid
und Gewalt
Band 11540

Claudia Keller
Der Flop
Roman
Band 11541

Fischer Taschenbuch Verlag

1 a

Zeit für Kinder

Kinderleben
Dichter erzählen
von Kindern
Fischer

Mary MacCracken
Charlie, Eric und
das ABC des Herzens
Außenseiter
im Klassenzimmer
Fischer

Neil Postman
Das Verschwinden
der Kindheit
Fischer

Ursula Köhler (Hg.)
Kinderleben
Dichter erzählen
von Kindern
Band 11542

Mary MacCracken
**Charlie, Eric und
das ABC des
Herzens**
Außenseiter im
Klassenzimmer
Band 11544

Margaret S. Mahler/
Fred Pine/
Anni Bergman
**Die psychische
Geburt des
Menschen**
Band 11545

Ulrike Millhahn
**Von der Schwierig-
keit, eine gute
Stiefmutter zu sein**
Band 11546

Neil Postman
**Das Verschwinden
der Kindheit**
Band 11547

Barbara
Sichtermann
**Leben mit einem
Neugeborenen**
Ein Buch über das
erste halbe Jahr
Band 11548

Daniel Widlöcher
**Was eine
Kinderzeichnung
verrät**
Methode und
Beispiele
psychoanalytischer
Deutung
Band 11549

Hans Zulliger
**Die Angst
unserer Kinder**
Band 11550

Fischer Taschenbuch Verlag

Ratgeber: Leben mit Kindern

Fischer Taschenbuch Verlag

Ratgeber: Leben mit Kindern

  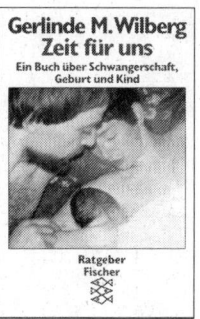

Aloys Leber /
Hans-Georg Trescher /
Elise Weiss-Zimmer
Krisen im Kindergarten
Psychoanalytische
Beratung in pädago-
gischen Institutionen
Band 42315

Bettina Schubert
Erziehung als
Lebenshilfe
Individualpsychologie
und Schule
Ein Modell
Band 11314

Kathryn Seidick
Mit den Anforderungen
wächst der Mut
Der Kampf einer
Mutter um ihr
schwerkrankes Kind
Band 3283

Nina und Michael
Shandler
Mit Yoga zur
sanften Geburt
Ratgeber für
werdende Mütter
und künftige Väter
Band 3322

Barbara Sichtermann
Leben mit einem
Neugeborenen
Ein Buch über das
erste halbe Jahr
Band 3308

Sven Wahlroos
Familienglück
kann jeder lernen
Band 3302

Gerlinde M. Wilberg
Zeit für uns
Ein Buch über
Schwangerschaft,
Geburt und Kind
Band 3307

Franziska Wolters
Abenteuer Adoption
Leben mit
verletzten Kindern
Band 3398

Hans Zulliger
Heilende Kräfte
im kindlichen Spiel
Band 42328

Necha Zupnik
Janina ist nicht
wie die anderen
Band 11325

Fischer Taschenbuch Verlag

Psychologische Ratgeber

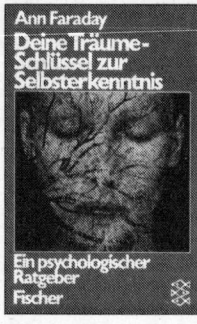  

**George R. Bach /
Herb Goldberg
Keine Angst vor
Aggression**
Die Kunst der
Selbstbehauptung
Band 3314

**George R. Bach /
Peter Wyden
Streiten verbindet**
Spielregeln für
Liebe und Ehe
Band 3321

**Katharina Dalton
Mütter nach
der Geburt**
Wege aus
der Depression
Band 10955

**Ann Faraday
Deine Träume – ·
Schlüssel zur
Selbsterkenntnis**
Band 3306

**Ingrid Fiala
Mein Kind, dein Kind,
unser Kind**
Vom Umgang mit den
Problemen in einer
neuen Partnerschaft
Band 3529

**Günther Gauß

Angewandtes
Ganzheits-Training**
Übungen und
Erfahrungen
Band 3537

Der Weg zum Selbst
Übungen zur auto-
meditativen Energetik
Band 3536

**Liz Greene
Kosmos und Seele**
Wege zur Partnerschaft
Ein astro-psycho-
logischer Ratgeber
Band 10748

**Werner Gross
Sucht ohne Drogen**
Arbeiten, Spielen,
Essen, Lieben …
Band 3531

**Wolfgang Hölzle
Krankheit als
Neubeginn**
Bewußter leben
nach dem Herzinfarkt
Band 3360

**Edith Laudowicz
Älter werden
wir doch alle …**
Individuelle
Erfahrungen und
gesellschaftliche
Perspektiven
Band 11462

Fischer Taschenbuch Verlag

fi 9 / 6 a

Psychologische Ratgeber

**Gottfried Lutz /
Barbara Künzer-
Riebel (Hg.)
Nur ein Hauch
von Leben**
Eltern berichten vom
Tod ihres Babys und
von der Zeit der Trauer
Band 10616

**Angelika Mechtel
Jeden Tag
will ich leben**
Ein Krebstagebuch
Band 10874

**Else Müller
Du spürst unter
deinen Füßen das Gras**
Autogenes Training
in Phantasie- und
Märchenreisen
Vorlesegeschichten
Band 3325

**Else Müller
Auf der Silberlicht-
straße des Mondes**
Autogenes Training
mit Märchen zum
Entspannen und
Träumen
Band 3363

**Wege in der
Wintersonne**
Autogenes Training
in Reiseimpressionen
Band 11354

**Karl Robert Rosa
Das ist
Autogenes Training**
Band 3323

**Renate Schwab
Der Drache im Herzen
des Lebensbaums**
Mit Märchen
meditieren
Band 10163

**Reinhart Stalmann
Psychosomatik**
Wenn die Seele leidet,
wird der Körper krank
Ein Therapeut erklärt
Fälle aus der Praxis
Band 3332

**Sven Wahlroos
Familienglück
kann jeder lernen**
Band 3302

Fischer Taschenbuch Verlag

Psychologie

Eine Auswahl

Alexandra Adler
**Individual-
psychologie
Anleitung zur
Praxis**
Band 10131

Robert F. Antoch
**Von der
Kommunikation zur
Kooperation**
Studien zur indivi-
dual-psychologischen
Theorie und Praxis
Band 4618

Charles Brenner
**Grundzüge der
Psychoanalyse**
Band 6309

**Praxis der
Psychoanalyse**
Psychischer Konflikt
und Behandlungs-
technik
Band 6740

Hilde Bruch
Eßstörungen
Zur Psychologie und
Therapie von Überge-
wicht und Magersucht
Band 6796

**Das verhungerte
Selbst**
Gespräche mit
Magersüchtigen
Band 10167

Almuth Bruder-Bezzel
**Geschichte der
Individualpsychologie**
Band 10793

Ernst Federn /
Gerhard
Wittenberger (Hg.)
**Aus dem Kreis
um Sigmund Freud**
Nachträge zu den
»Wiener Protokollen«
Band 10809

Sándor Ferenczi
**Schriften zur
Psychoanalyse**
Auswahl
in zwei Bänden
Herausgegeben von
Michael Balint
 I. Band: Bd. 7316
II. Band: Bd. 7317

Bernhard
Handlbauer
**Die Adler-
Freud-Kontroverse**
Band 7425

Jolande Jacobi
**Die Psychologie
von C. G. Jung**
Eine Einführung
in das Gesamtwerk
Band 6365

Russell Jacoby
**Die Verdrängung
der Psychoanalyse**
oder Der Triumph
des Konformismus
Band 10518

Fischer Taschenbuch Verlag

fi 1191 / 4 a

Psychologie

Eine Auswahl

 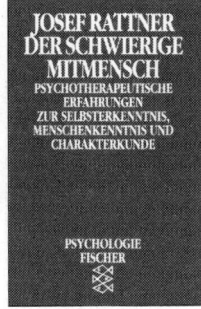 

Arthur Koestler
**Die Armut
der Psychologie**
Zwischen Couch und
Skinner-Box und
andere Schriften
Band 4616

Marianne Krüll
Freud und sein Vater
Die Entstehung der
Psychoanalyse und
Freuds ungelöste
Vaterbindung
Band 11078

Margaret S. Mahler
**Studien über die drei
ersten Lebensjahre**
Band 10798

Josef Rattner
**Psychologie und
Psychopathologie
des Liebeslebens**
Band 6737

**Psychotherapie
als Menschlichkeit**
Band 6253

Tugend und Laster
Tiefenpsychologie als
angewandte Ethik
Band 10410

Reimut Reiche
Geschlechterspannung
Eine psychoanalytische
Untersuchung
Band 10329

Rainer Schmidt
**Träume und
Tagträume**
Eine individual-
psychologische
Analyse
Band 10649

Rainer Schmidt (Hg.)
**Die Individual-
psychologie
Alfred Adlers**
Band 6799

Harry Stroeken
**Freud und
seine Patienten**
Band 10856

Erwin Wexberg
**Zur Entwicklung der
Individualpsychologie**
und andere Schriften
Herausgegeben von
Gerd Lehmkuhl
Band 4619

Fischer Taschenbuch Verlag

fi 1191 / 4 b

Lebenskrisen · Lebenschancen

Erica
Brühlmann-Jecklin
Irren ist ärztlich
*Analyse einer
Krankengeschichte*
Fischer

Karin Dexel
**Wolken
über dem Tag**
*Leben mit einer
endogenen Depression*
Fischer

Hartmut Gagelmann
Annas Tod
Briefe an das Leben

Lebenskrisen · Lebenschancen
Fischer

Renate Anders
Grenzübertritt
*Eine Suche nach
geschlechtlicher
Identität*
Band 3287

Sigrid Borst
Weniger als ein Jahr...
*Unser Kampf gegen
den Krebs*
Band 3248

Erica Brühlmann-
Jecklin
Irren ist ärztlich
*Analyse einer
Krankengeschichte*
Band 3269

Ingeborg Bruns
**Das wieder-
geschenkte Leben**
*Tagebuch über die
Leukämieerkrankung
eines Kindes*
Band 3247

Sue Cooke
Zerzaustes Käuzchen
*Die Emanzipation
einer Epilepsiekranken*
Band 3245

Herbert Dalhoff
So krank wie die Erde
*Krebsleiden und
Naturerfahrung*
Band 10654

Ursula Dette
Ein langer Abschied
*Der Verlauf einer
Alzheimer Krankheit*
Band 10873

Karin Dexel
**Wolken
über dem Tag**
*Leben mit einer
endogenen Depression*
Band 10802

Petra Dreyer
**Ungeliebtes
Wunschkind**
*Eine Mutter lernt,
ihr behindertes Kind
anzunehmen*
Band 3252

Claudia Erdheim
Herzbrüche
*Szenen aus der psycho-
therapeutischen Praxis*
Band 3256

Jacqueline Fabre
**Die Kinder, die nicht
sterben wollten**
Band 3289

Pia Frey
**Die »Liebe«
meines Vaters**
*Annäherung an einen
sexuellen Mißbrauch*
Band 11121

Josef Gabriel
Verblühender Mohn
*Aids - die letzten
Monate einer Beziehung*
Band 3249

Hartmut Gagelmann
Annas Tod
Briefe an das Leben
Band 11029

Fischer Taschenbuch Verlag

Lebenskrisen · Lebenschancen

Fischer Taschenbuch Verlag

Didier-Jacques Duché:

Das Kind in der Familie

Aus dem Französischen übersetzt von
Ulrike Bokelmann
1987. 235 Seiten, Linson mit Schutzumschlag
ISBN 3-608-95335-3

Die Familie sei die Keimzelle der Gesellschaft, heißt es. Und erst das Kind mache aus einer Ehe oder Partnerschaft eine Familie. Doch wieviel wissen Eltern und solche, die es werden wollen, über die Belastungen und Risiken, die das mit sich bringt – ein Kind zu haben? Wieviel wissen sie über die Entwicklung des Kindes? Wissen sie, wie das ist – ein Kind zu sein? Angewiesen auf die Eltern, die Familie, in die es hineingeboren wird, ein Spielball der in Familie und Gesellschaft wirksamen Kräfte? Was wissen Eltern über die Komplexität der Einflüsse, denen Kinder ausgesetzt sind, und wie sie darauf reagieren?

Der französische Psychiater und Psychotherapeut Didier-Jacques Duché, selbst Vater von neun Kindern, entfaltet ein breites Panorama verschiedener familiärer Situationen in Vergangenheit und Gegenwart. Im Mittelpunkt steht immer die Frage, wie Familie und Kind in ihrem gegenseitigen Wechselspiel sich entwickeln können. Fazit: Das Kind ist ein Risiko für die Familie, die Familie ist ein Risiko für das Kind.

Klett-Cotta